"十三五"国家重点图书主题出版规划项目
中国工程院重大咨询研究项目

产业技术创新研究系列丛书

基础性产业技术创新支撑体系研究

RESEARCH ON SUPPORTING SYSTEM OF BASIC INDUSTRY TECHNOLOGY INNOVATION

干　勇　钟志华　主　编
李新男　刘　东　副主编

经济管理出版社
ECONOMY & MANAGEMENT PUBLISHING HOUSE

图书在版编目（CIP）数据

基础性产业技术创新支撑体系研究/干勇，钟志华主编．—北京：经济管理出版社，2019.6
ISBN 978-7-5096-6565-7

Ⅰ.①基… Ⅱ.①干… ②钟… Ⅲ.①新兴产业—技术革新—研究—中国 Ⅳ.①F269.2

中国版本图书馆 CIP 数据核字(2019)第 081607 号

组稿编辑：杜　菲
责任编辑：杜　菲
责任印制：黄章平
责任校对：张晓燕

出版发行：经济管理出版社
（北京市海淀区北蜂窝 8 号中雅大厦 A 座 11 层　100038）
网　　址：www. E-mp. com. cn
电　　话：（010）51915602
印　　刷：玉田县昊达印刷有限公司
经　　销：新华书店
开　　本：787mm×1092mm/16
印　　张：12.5
字　　数：222 千字
版　　次：2019 年 6 月第 1 版　　2019 年 6 月第 1 次印刷
书　　号：ISBN 978-7-5096-6565-7
定　　价：88.00 元

·版权所有　翻印必究·
凡购本社图书，如有印装错误，由本社读者服务部负责调换。
联系地址：北京阜外月坛北小街 2 号
电话：（010）68022974　　邮编：100836

《产业技术创新研究系列丛书》
顾问委员会

周　济　王礼恒　朱高峰　卢秉恒　邬贺铨
孙传尧　孙晋良　李国杰　李　骏　倪光南
韦　钰　任露泉　邱定蕃　汪懋华　陈志杰
罗锡文　周　翔　姚　穆　蒋士成　蒋亦元
俞建勇　鲜学福　杨士中　程天民　王恩东
陈清泰　方　新　马　克　王天凯　王为民
王立军　王振海　付于武　叶甜春　关锡友
李树君　吴绍明　陈　志　陈如明　陈德敏
张卫国　张永祥　张碧辉　赵　强　赵达生
钮因键　洪及鄙　高卫民　高元恩　孟卫东
周宝信　黄　晶　桂　林

编写委员会

主　编： 干　勇　钟志华

副主编： 李新男　刘　东

成　员：（按姓氏笔画为序）

丁　健　于振行　于燮康　王学峰　王　政
王晓亮　王领军　王鸿雁　王智文　王　颖
公维峰　文中领　方宪法　冉　戎　延建林
任　爽　刘晓光　闫成罡　许志鹏　麦仕义
苏广夏　杨炳南　杨　骅　杨渝玲　李　义
李小平　李永福　李　杰　李振良　李　娟
李　辉　李蜀庆　李新创　李　鑫　肖广岭
肖　智　吴　健　吴海华　何海燕　邸晓燕
宋福忠　张为民　张　东　张　宁　张永伟
张　宇　张建良　张葵叶　陈向东　陈　佳
茅益明　周　明　孟建伟　赵正国　赵　进
赵　明　赵　峰　胡雷钧　袁文辉　高　怀
高宏伟　梅　萌　曹华军　康荣平　董志峰
韩　伟　程学忠

《基础性产业技术创新支撑体系研究》编写研究组

咨询顾问： 周　济　朱高峰　卢秉恒　蒋亦元　汪懋华
任露泉　罗锡文　马　克　王为民　王振海
关锡友　李树君　陈　志　高元恩　桂　林

负 责 人： 干　勇　钟志华　李新男

综 合 组： 李新男　刘　东　梅　萌　方宪法　王学峰
刘晓光　李　义　赵　明　赵　进　张为民
曹华军　王晓亮　吴海华　杨炳南　李　辉
王领军　闫成罡　李　杰　邸晓燕

统 稿 人： 刘　东

主要研究人员： 丁翔文　于海业　马　旭　王　志　王　政
王剑平　毛军平　白人朴　朱　良　朱金光
汤　浩　孙士明　杨京彦　李　升　李文哲
李冬茹　李永刚　李瑞川　应义斌　张文桥
张进疆　张晓光　张　辉　邵钦作　赵　匀
赵春江　姜怀胜　袁寿其　袁松梅　徐海港
高焕文　郭京生　谈乃成　彭　翀　蒋金水
韩鲁佳　韩增德　焦天民

序　言

改革开放40多年来，我国工业取得了巨大发展，建立了完整的工业体系，许多产业已经具备国际竞争力，支撑着我国综合国力的提升。但总体而言，我国仍处于工业化中后期，呈现出产业发展不平衡、工业化基础不扎实等突出问题，尤其是产业核心技术供给不足、产业技术创新支撑体系不健全，严重制约了我国产业核心竞争力的提升。与此同时，已经开始进入后工业化时期的发达国家，凭借强大和高度融合的国际资本、雄厚的技术积累、完善的产业技术创新支撑体系以及与现代工业化相适应的创新文化氛围、国民教育体系和创新人才培养方式等，对我国工业进一步发展形成严峻挑战和冲击。

当前我国已经进入创新驱动发展的新阶段，确立了建设创新型国家和世界制造强国的战略目标。为此，必须充分考虑大国地位对产业独立和均衡发展的要求，顺应全球化和新技术革命的趋势，借鉴世界产业技术创新的历史经验，发挥大国市场优势，针对我国产业发展不平衡和差异化特点，加快产业技术创新支撑体系建设步伐，为增强我国产业核心竞争力提供有力支撑。

自2012年12月起，由中国工程院有关产业领域的院士、中国科学学与科技政策研究会技术创新专业委员会的专家学者、相关产业技术创新战略联盟的企业家和行业专家共200余人组成项目组，开展了重大咨询项目“我国工业领域产业技术创新支撑体系建设研究”。

通过该项目的研究，深入探讨产业技术创新及其支撑体系的基本特点和规律，借鉴国外发达国家产业技术创新支撑体系建设的做法和经验，形成了产业技术创新支撑体系的系统理论思考，并据此分析了我国工业领域重点产业技术创新支撑体系建设的现状和问题，以及在国际竞争中面临的挑战，提出了推动我国产业技术创新支撑体系建设的思路和建议，供宏观管理部门决策参考。本项目包括以下四个课题：

课题一：国外发达国家创新体系中产业技术创新研究。包含四个专题，分别对欧洲、美洲、亚洲部分国家的产业技术创新状况和特点进行分析。

课题二：我国重点工业领域产业技术创新支撑体系研究。选择了钢铁、有色金属、汽车、纺织、数控机床、基础性重型装备、重型机床、重型发电装备、农机装备、新兴能源、移动通信、计算与存储、集成电路装备、生物医药14个产业和领域进行专题研究。基本涵盖了国民经济中的基础性产业、支柱性产业和战略性新兴产业三大类产业。通过对这三类产业的实证研究，归纳总结整个工业领域产业技术创新支撑体系的一般规律，为我国工业领域产业技术创新支撑体系建设总体方案的设计提供依据。

课题三：我国产业技术创新人才体系的构建研究。包含三个专题，重点涉及产业技术创新人才的内涵、培养、应用、流动、评价和激励机制，及创新团队集聚模式的研究。

课题四：产业技术创新支撑体系的理论、政策及体系建设的综合研究。包含四个专题，重点对产业技术创新支撑体系的概念内涵、主体、结构、功能及政策等进行研究，为产业技术创新支撑体系建设及其政策设计提供理论基础和分析方法。

《产业技术创新研究系列丛书》就是在该项目（课题、专题）研究成果的基础上，经过进一步的修改、扩充而完成的。本套丛书共包括六本，分别涉及产业技术创新支撑体系理论、发达国家经验、重点产业技术创新支撑体系实证研究、创新人才体系构建等内容，是国内第一套关于产业技术创新支撑体系的系列研究专著。

本套丛书被列入“‘十三五’国家重点图书主题出版规划项目”，且获得“2018年度国家出版基金”项目支持。

本项目的研究和丛书编写，得到了中国工程院领导的高度重视，得到了相关领域院士和各方面专家的科学指导，得到了工信部、科技部、国务院发展研究中心等部门的大力支持，得到了相关产业技术创新战略联盟、行业协会、学会、企业、高校和科研院所的积极配合。项目组的全体专家和工作人员付出了辛勤劳动。经济管理出版社相关领导和编辑为本书的出版做了大量工作。在此一并致谢！

目前，关于产业技术创新的研究相对较少，尚未形成比较系统的理论，产业技术创新支撑体系更是一个新的概念，需要深入和持续的研究。本丛书的理论探讨和实证分析，只是“产业技术创新支撑体系”研究探索的开端，存在许多不完善之处，敬请广大读者批评指正。

《产业技术创新研究系列丛书》
编写委员会
2018 年 12 月

目　录

第一章
导　言

一、研究缘起

自 2012 年 12 月起，中国工程院有关产业领域的院士、中国科学学与科技政策研究会技术创新委员会的专家学者、相关产业技术创新战略联盟的企业家和行业专家共同开展了中国工程院重大咨询项目“我国工业领域产业技术创新支撑体系研究”。

按照项目的研究目的和要求，根据 2009 年国务院连续出台的钢铁、汽车、船舶、石化、纺织、轻工、有色金属、装备制造、电子信息、物流业“十大产业调整和振兴规划”和 2010 年国务院《关于加快培育和发展战略性新兴产业的决定》确定的节能环保、新一代信息技术、生物、高端装备制造、新能源、新材料、新能源汽车七大战略性新兴产业，从中选择了钢铁、有色金属、汽车、纺织、装备制造、新兴能源、信息技术、生物医药等 14 个产业领域进行重点研究，基本涵盖了国民经济中的基础性产业、支柱性产业和战略性新兴产业三大类产业。通过对这些产业的深入研究，旨在把握整个工业领域产业技术创新支撑体系的一般规律。

2015 年该项目全部完成并顺利通过了中国工程院组织的验收。本书就是在项目选择的 5 个基础性产业技术创新支撑体系研究专题成果基础上，经过进一步的修改、完善而形成的。

二、主要内容

基础性产业是指在国民经济发展中处于基础地位，对其他产业的发展起着制约作用，决定其他产业发展水平的产业群。基础性产业的产品通常要成为后续产业部门加工、再加工及生产过程中不可或缺的投入品或消耗品。基础性产业发展水平在很大程度上决定着国家产业竞争力的高低。本书重点分析了数控机床、农业装备、基础性重型装备、重型发电装备、重型机床5个典型基础性产业。通过对5个产业的研究分析与国际比较，一方面，深入探讨了各产业技术创新及其支撑体系的特点和规律，分析了我国各产业技术创新支撑体系的现状和问题，形成一些有针对性的对策考虑；另一方面，力图总结和把握基础性产业技术创新支撑体系的共同规律和差异化特点，为形成我国工业领域产业技术创新支撑体系建设思路提供研究依据。

针对每个基础性产业，本书重点从以下几个方面展开分析：产业范围界定和产业特征；国内外产业发展及技术创新的现状与趋势；典型国家产业技术创新支撑体系状况；我国产业技术创新支撑体系现状和问题；推动我国产业技术创新支撑体系建设的若干设想。

三、研究方法："3+1"理论模型

本书最主要的研究方法是采用了统一理论模型，并结合了实证研究、比较研究等方法，对5个基础性产业技术创新支撑体系开展研究。

本系列丛书的第一本《产业技术创新支撑体系的理论研究》，围绕产业技术创新支撑体系建设的目标——提升产业核心竞争力，从体系的功能角度，构建了统一的理论模型，即"创新技术供给、创新技术产业化、技术创新服务"

三方面基本功能及相应的政策和社会环境（简称“3+1”）构成的基本分析框架（见图1-1）。

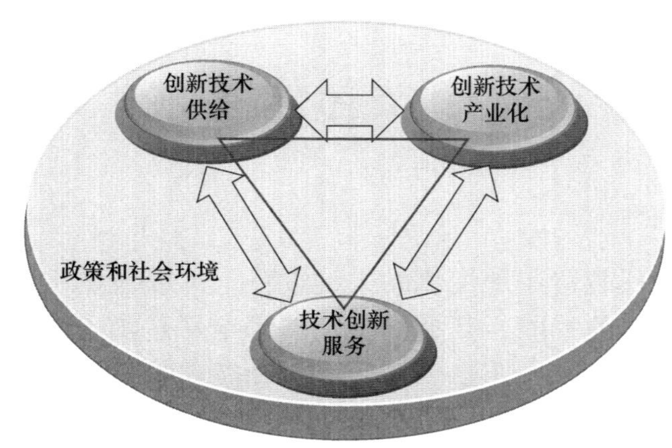

图1-1 产业技术创新支撑体系的功能结构模型

创新技术供给主要包括：具有产业技术创新潜在价值的基础研究与应用研究成果获取与开发；沿产业技术周期不同阶段展开的技术资源的开发与集成；沿产业链关键环节技术的开发与集成。

创新技术产业化主要包括：实现产业技术成果工程化和产业化；实现产业技术成果商品化和市场价值。

技术创新服务主要包括：为产业技术创新提供经济资源的支撑，如为风险投资等服务；为产业技术创新提供有形技术设施支撑，如为产业共性技术开发提供试验、测试和检测设施等服务；为产业技术创新提供无形技术设施支撑，如为文献、信息、专利、技术评估、技术转移、技术交易等服务。

政策和社会环境主要包括：使产业技术创新得以顺利实现的政策保障体系和社会文化氛围。

本书涉及的5个基础性产业都依据这一理论模型，同时也结合各产业及其技术创新的具体特点，进行深入研究。从而既便于从一个共同的研究视角比较不同产业技术创新支撑体系的共性规律和个性差异，又可以为制定有针对性的政策措施提供研究依据。

第二章

数控机床产业技术创新支撑体系研究

数控机床是实现制造业现代化的关键设备，为新技术、新产品的开发和现代工业生产提供重要的手段，其拥有量及技术水平是衡量一个国家综合实力的重要标志之一，数控机床产业是国民经济和国防建设不可或缺的战略性、基础性产业。

本章通过借鉴国际数控机床产业技术创新及其支撑体系建设的经验，结合我国数控机床产业技术创新现状，着眼于提升产业创新能力，研究构建数控机床产业技术创新支撑体系的设想。

一、世界数控机床产业发展概况及特点

（一）数控机床及其产业界定

1. 数控机床

（1）数控机床定义。数控机床是数字控制机床的简称，是一种装有程序控制系统的自动化机床。该控制系统能够逻辑地处理具有控制编码或其他符号指令规定的程序，并将其译码，用代码化的数字表示，通过信息载体输入数控装置。经运算处理由数控装置发出各种控制信号，控制机床的动作，按图纸要求的形状和尺寸，自动地将零件加工出来。数控机床较好地解决了复杂、精密、小批量、多品种的零件加工问题，是一种柔性的、高效能的自动化机床，代表了现代机床控制技术的发展方向，是一种典型的机电一体化产品。

（2）数控机床结构。数控机床一般由下列几部分组成：

1）主机。数控机床的主体，包括机床身、立柱、主轴、进给机构等机械部件。用于完成各种切削加工。

2）数控装置。数控机床的核心，包括硬件（印刷电路板、CRT 显示器、键盒、纸带阅读机等）以及相应的软件，用于输入数字化的零件程序，并完成输入信息的存储、数据的变换、插补运算以及实现各种控制功能。

3）驱动装置。数控机床执行机构的驱动部件，包括主轴驱动单元、进给单元、主轴电机及进给电机等。在数控装置的控制下通过电气或电液伺服系统实现主轴和进给驱动。当几个进给联动时，可以完成定位、直线、平面曲线和空间曲线的加工。

4）辅助装置。数控机床的一些必要的配套部件，用以保证数控机床的运行，如冷却、排屑、润滑、照明、监测等。主要包括液压和气动装置、排屑装置、交换工作台、数控转台和数控分度头以及刀具和监控检测装置等。

5）编程及其他附属设备。可用来在机外进行零件的程序编制、存储等。

（3）数控机床特点。数控机床较普通机床具有高精度、高效率、高度自动化和柔性好的特点，具体如下：一是加工精度高，具有稳定的加工质量；二是可进行多坐标的联动，能加工形状复杂的零件；三是加工零件改变时，一般只需要更改数控程序，可节省生产准备时间；四是机床本身的精度高、刚性大，可选择有利的加工用量，生产率高（一般为普通机床的 3～5 倍）；五是机床自动化程度高，可以减轻劳动强度；六是对操作人员素质要求较高，对维修人员技术要求更高。

（4）数控机床分类。数控机床的分类方式较多，包括按加工工艺、运动方式、控制方式、联动轴数、数控装置等分类，但以加工工艺分类最广泛。随着数控机床的发展及普及化，用户企业对数控机床的使用要求也越来越高，其中多轴联动数控机床应运而生，其不仅能达到生产效率的大量提升，更能满足对高精密的要求，是数控机床未来的发展方向，因而目前高端机床除按加工工艺分类外，也比较普遍采用联动轴数来分类。

按加工工艺分类，可分为普通数控机床和加工中心两类。普通数控机床一般指在加工工艺过程中的一个工序上实现数字控制的自动化机床，如数控铣床、数控车床、数控钻床、数控磨床与数控齿轮加工机床等；加工中心是指带有刀库和自动换刀装置的数控机床，它将数控铣床、数控镗床、数控钻床的功能组合在一起，零件在一次装夹后，可以将其大部分加工面进行铣、镗、钻、扩、铰及攻螺纹等多工序加工。加工中心按其加工工序分为镗铣和车削两大类，按其控制轴数可分为三轴、四轴和五轴加工中心。

按联动轴数分类，可分为两轴联动、三轴联动和多轴联动三类。两轴联动是指数控机床能同时控制两个坐标轴联动，适于数控车床加工旋转曲面或数控铣床铣削平面轮廓；三轴联动是指数控机床能同时控制三个坐标轴的联动，用于一般曲面的加工，一般的型腔模具均可以用三轴加工完成；多轴联动是指数控机床能同时控制四个以上坐标轴的联动。多坐标数控机床的结构复杂，精度要求高、程序编制复杂，适于加工形状复杂的零件，如叶轮叶片类零件。

2. 数控机床产业

（1）数控机床产业包括了一个庞大的制造设备家族，主要有车、铣、加工中心、镗、磨、冲压、电加工以及各类专机。各类数控机床都有相应的应用领域。

（2）高速、精密数控车床，车削中心类及四轴以上联动的复合加工机床：主要用于航天、航空、仪器、仪表、电子信息和生物工程等产业。

（3）高速高精度数控镗铣床及加工中心：主要用于汽车发动机缸体缸盖及航天航空、高新技术等行业大型复杂结构支架、壳体、箱体、轻金属材料零件和精密零件加工。

（4）数控落地铣镗床、重型数控龙门镗铣床和龙门加工中心、重型数控卧式车床及立式车床，数控重型滚齿机等：主要用于能源、航天航空、军工、舰船主机制造、重型机械制造、大型模具加工、汽轮机缸体等行业零件加工。

（5）数控超精密磨床、高速高精度曲轴磨床和凸轮轴磨床、各类高精高速专用磨床等：主要用于精密超精密加工。

（6）大型精密数控电火花成型机床、数控低速走丝电火花切割机床、精密小孔电加工机床等：主要用于大型和精密模具加工、精密零件加工、锥孔或异型孔加工及航天、航空等行业的特殊需求。

（7）数控高速精密板材冲压设备、激光切割复合机、数控强力旋压机等：主要满足汽车、摩托车、电子信息产业、家电等行业钣金批量高效生产需求及汽车轮毂及军工行业各种薄壁、高强度、高精度回转型零件加工需求。

（8）柔性加工自动生产线（FMS/FMC）及各种专用数控机床：主要用于汽车、家电等行业加工缸体、缸盖、变速箱箱体等多品种变批量壳体、箱体类零件加工。

（二）世界数控机床产业概况

1. 世界机床生产状况

根据中国机床工具工业协会《2011～2012 年世界机床生产、进出口和市场概况》，2012 年全球机床（不含附件）产值达到 932 亿美元，创历史新高，亚洲占全球机床产值的 57.7%，欧洲占 34.7%，美洲占 7.6%。中国、日本、德国三个主要机床生产国的机床产值共 592.3 亿美元，占所有统计调查的 28 个国家和地区总产值的 64%。其中，中国机床产值为 273.6 亿美元，约占全球产值的 29.5%，是最大的机床制造国，比第四位至第十位的韩国、意大利、中国台湾、美国、瑞士、西班牙、奥地利产值之和还高。日本位居第二，产值为 182.5 亿美元，约占全球产值的 19.6%。紧随其后的是德国，产值为 136.2 亿美元，约占全球产值的 14.6%（见图 2－1）。

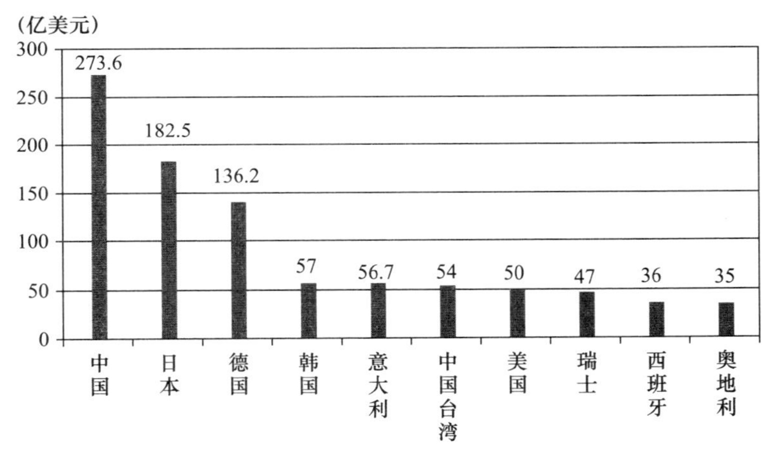

图 2－1　2012 年全球机床产值前十位的国家和地区

2. 世界机床市场状况

2012 年全球机床（不含附件）市场需求达到 854 亿美元。其中，美洲机床消费需求增长最快，增幅达到 14%；欧洲仅为 1%，亚洲减少 1%。在全球机床消费中，亚洲需求最大，占 60%，欧洲占比降至 23.3%，美洲市场占比提高到 16.6%。2012 年，中国需求为 385 亿美元，尽管消费额同比下降 3%，仍占国际机床消费总额的 45.1%，是世界上最大的机床消费市场；美国以 87 亿美元的需求上升为第二大消费市场，占比达到 10.2%，增速为 19%；日本居第三位，机床需求为74亿美元，占比8.8%，同比增长1%；德国居第四位，市场容量62亿美元，占比7.3%，同比下降2%。

3. 世界机床企业状况

根据美国Gardner公司发布的2011年世界机床产值排名前20名的企业，日本、德国、美国的数控机床制造企业是行业公认的先进制造商，在行业内处于绝对领先地位，相对其他国家保持较明显优势（见图2－2和表2－1）。

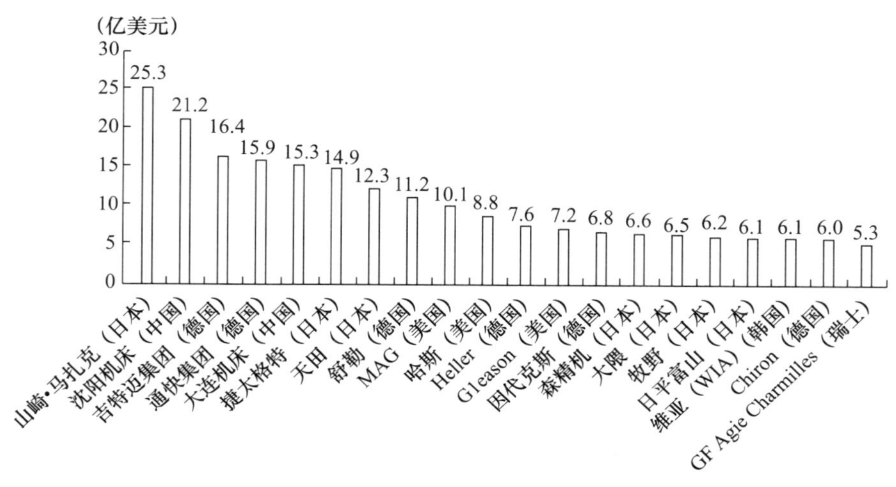

图2－2　2011年世界机床产值前二十位企业名单

表2－1　入围20强企业数、机床产值及占本国机床总产值的比重

排序	国别	入围企业数（家）	入围企业机床产值（亿美元）	产值占本国机床总产值百分比（%）
1	日本	7	77.97	42.5
2	德国	6	63.76	47.2
3	中国	2	36.49	12.9
4	美国	3	26.10	62.7
5	韩国	1	6.06	10.7
6	瑞士	1	5.34	15.4

（三）数控机床产业技术发展特点

数控机床技术发展呈现高速、精密、融合、智能、绿色、服务六大特点。

1. 高速

随着航空航天、汽车、模具等重点领域的需求变化，对特殊材料的加工呈现出高速、高效的特点，同时高速切削不仅可以提高加工效率，还可以提高加工精度和表面质量，因此高速机床的研究开发及应用必将给制造业带来重大而深远的影响。高速加工中心进给速度最高可达 80 米/分钟，空运行速度可达 100 米/分钟左右，加速度达 2 克，主轴转速已达 60000 米/分钟。

2. 精密

精密加工技术是先进制造技术领域的前沿课题，对国防、航空航天、核能及国民经济各高新技术领域的精密零件的研制具有重要作用，是体现一个国家制造技术水平和国际市场竞争力的标志。精密加工技术既是高代价、高投入的工艺技术，又是高增值、高回报的工艺技术，受到各工业发达国家的高度重视。

一般认为，被加工零件的尺寸和形位误差小于零点几微米、表面粗糙度介于十几纳米（μm）到几十纳米之间的加工技术是精密加工技术。精密级加工中心已从 3～5 纳米提高到 1～1.5 纳米，并且超精密加工精度已开始进入纳米级（0.01 纳米）。

3. 融合

（1）工艺融合。车铣镗磨复合加工、激光电弧符合软焊接等不同工艺通过融合，包括铣—车复合、车—铣复合、车—镗—钻—齿轮加工、车—磨复合、成型复合加工、特种复合加工等，将出现更高性能的符合机床和全自动柔性加生产线。

（2）与信息技术的融合。将出现更高层次的智能设备，催生自下而上的产品协同设计和制造技术以及基于网络的高度集成的企业信息系统。

（3）与新材料融合。先进复合材料、电子信息材料、新能源材料、先进陶瓷材料等将在机械制造中获得更广泛应用，并催生新的生产工艺。

（4）与生物技术融合。模仿生物的组织、结构、功能和性能的生物制造，将给制造业带来革命性变化。

4. 智能

数控机床的智能化技术有新的突破，自动调整干涉防碰撞功能、加工零件检测和自动补偿学习功能、高精度加工零件智能化参数选用功能等进入了实用化阶段，智能化提升了机床的功能和品质。智能制造作为一种新的制造模式具有五大特征：自律能力、人机后交互能力、建模与仿真能力、可重构与组织能力、学习能力与自我维护能力。可以预见，未来智能制造技术将获得大发展和广泛应用。

5. 绿色

绿色制造是大势所趋，节能环保型机床发展势头强劲。绿色制造强调通过资源综合利用和循环使用、短缺资源的代用以及节能降耗等措施实现资源的持续利用。机床全生命周期的绿色化是今后机床技术发展的趋势之一，主要包括如下环节：产品设计绿色化（设计阶段考虑产品易拆解、易回收、易修理）、材料绿色化（逐步取代污染环境、威胁人类健康的材料）、制造工艺绿色化（零件的精确快速成型）、包装绿色化（面向环境的产品包装设计、包装材料、包装结构和包装废弃物回收处理）、处理回收绿色化（再制造技术未来将广泛使用）。

6. 服务

工业发达国家机床产业已经从生产型制造向服务型制造转变，从重视产品设计与制造技术开发到同时重视产品使用与维护技术的开发，通过提供高技术含量的制造服务，获得比销售产品更高的利润。

（四）数控机床产业技术创新模式

国际数控机床产业主要形成以下三种技术创新模式：西门子模式、哈斯模式、马扎克模式。

1. 西门子模式

系统厂商专业生产各种规格的数控系统，提供各种标准型的功能部件，为全世界的主机厂商提供批量配套，如发那科、西门子、三菱等。这种模式的优点在于主机厂商和系统厂商发挥各自的优势，有利于形成专业化、规模化生产。缺点是系统厂商和主机厂商主要是买卖关系，双方结合不紧密。如果系统厂商在技术上不向主机厂商开放，主机厂商需求的特殊控制要点、加工工艺和特色使用要求难以实现；而主机厂商为保护自己的知识产权，也不愿意将这些特殊技术提供给系统厂商。

2. 哈斯模式

主机厂商独立开发数控系统，并与其自产的数控机床配套销售，如美国哈斯公司、意大利菲迪亚等。这种模式的优点是主机销售带动系统推广；主机厂商全面掌握数控系统技术，可以将主机厂商积累的经验收集到数控系统中，方便实现特殊控制和加工工艺要求。缺点是主机厂商独有品牌的数控系统很难被其他主机厂商选用；数控系统研发所需的技术基础积淀和人力、物力投入，也不是一般主机厂商所能承受的。

3. 马扎克模式

主机厂商在系统厂商提供的开发平台上，研发自主品牌数控系统，并与自产的数控机床配套销售。如日本马扎克、森精机等公司在三菱、发那科等公司提供的数控系统平台上进行二次开发，形成马扎克、森精机的数控系统品牌。这一模式使得主机厂商需要的特殊控制要求、加工工艺和使用特色要求方便地融入数控系统中；主机厂商用较少的投入，形成自己的特色技术、知识产权和数控系统产品；主机厂商自主品牌数控系统的推广，进一步强化了主机厂商的机床品牌，增加用户对主机厂商的忠诚度；降低主机厂商采购数控系统的成本，同时带动数控系统产业的发展。实施这一模式的关键是：系统厂商源源不断地为主机厂商提供数控系统平台技术，形成主机厂商和系统厂商共同开发与应用的产业联盟和利益共同体。

二、国外数控机床产业技术创新支撑体系分析

美国、德国、日本三国在数控机床的研发、设计、制造和应用上都处在世界领先水平，并且形成了各具特色的产业技术创新支撑体系。

（一）美国数控机床产业技术创新支撑体系

2012 年，美国拥有机床制造企业 390 个，从业人员 38600 人。美国机床生产在 2011 年增长 32% 的基础上又增长了 7%。消费则以更快的速度攀升，同比增长 7% 以上；进口也在增加。机床消费在世界排名第二位，仅次于中国（见图 2－3）。

美国机床产业拥有雄厚的科研实力和完善的技术创新支撑体系，保证其产业技术水平和竞争力始终处于世界领先水平。

1. 创新技术供给

大企业是创新技术的主要供给者。美国拥有许多著名的机床企业，如格里森（Gleason）具有全球领先的齿轮产品技术，是齿轮技术的全球领航者；哈

挺（Hardinge）提供高精度车床、磨床以及夹具，是全球最大的夹具系统的制造商。这些大型数控机床企业将研发重点放在拓展本公司的优势技术上，通过优势技术和技术服务保持自己的领先地位。

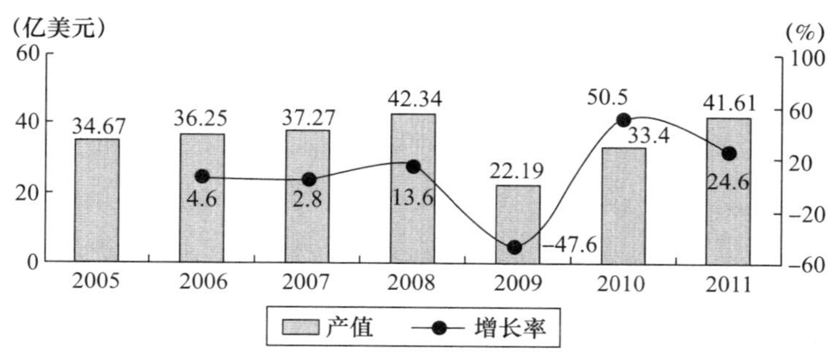

图 2－3　2005～2011 年美国机床产值增长趋势

在数控机床产业中，政府、企业、大学、科研院所之间建立良好的合作关系，各成员在技术创新过程中紧密联系，避免重复投资和资源浪费，加速科技成果转化，实现研发规模效应。

2. 创新技术产业化

大企业也是创新技术产业化的主要力量。美国哈斯（HAAS）成立于 1983 年，这家以生产数控机床分度头起家的公司在短短的 20 多年里便发展成为全球最大的机床企业之一。哈斯的快速发展一度成为机床行业热议的“哈斯现象”，其亮点之一就是其遍布世界各地的数百家 HFO（HAAS Factory Outlet）连锁店。哈斯通过其集机床销售、服务、维修、展示、培训、备品备件于一体的连锁店，为用户提供一站式的标准化服务网络。这种由哈斯独创的 HFO 销售模式不仅在美国本土市场获得成功，也得到了世界市场的认可和用户的信任。仅 2009 年，哈斯在中国新开业的 HFO 数量就达 20 家之多。

3. 政策环境

美国数控机床产业得到历届政府的重视，尤其得益于美国国防部等部门对数控机床不断提出新需求，并提供充足的研发经费，推动科研单位和企业间的科研合作，不断加强数控机床基础科研，促进数控机床技术发展。

（二）德国数控机床产业技术创新支撑体系

德国是世界机床生产强国，也是世界机床出口大国。2012 年德国拥有机床企业330个，从业人员69314人。机床行业是德国先进制造业的核心，德国生产的重型机床、大型精密机床以及多款NC重型机床在国际上享有很高声誉（见图2－4）。

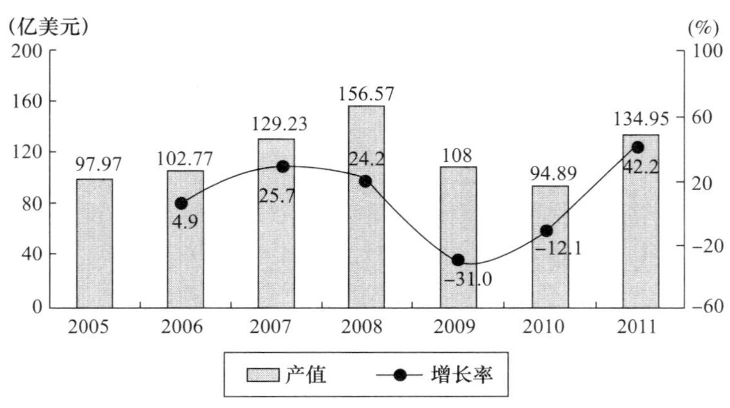

图2－4 2005～2011年德国机床产值增长趋势

1. 创新技术供给

德国数控机床产业是在高水平基础上的渐进积累式发展，大企业、科研院所是创新技术的供给主体，中小企业和高校也是创新技术的重要来源。

西门子、博世、海德汉等超大型企业是德国数控机床产业技术发展的主要驱动力，其科研与开发集约化程度高，拥有强大的研发实力。例如，西门子公司研发了数控机床中的重要功能部件数控系统、伺服电机等引领产业的技术和产品。海德汉公司研发了光栅尺等重要机床测量装置，博世公司开发了高性能的液压系统部件。与西门子、博世、海德汉等大企业相比，通快、德马吉等机床行业的专业公司则关注未来市场的需求，重点研发产业技术，其研发投入通常占销售总额的5%～10%。由于德国机器设备制造业以中小企业为主，小而精是其主要特点，它们更接近用户，更富创造力，与大企业形成了比较和谐的技术创新共存发展关系。

德国独立的科研机构，如弗劳恩霍夫协会（Fraunhofer）所属的研究所，面向中小企业，通过产学研合作，为产业界提供系统的技术支持，是产业创新技术重要源头。

德国为数众多的高校主要承担基础前沿性研究工作，德国机械工程学科的教授通常来自企业，其丰富的实践经验和对行业的深刻认识，既有利于科研以市场需求为导向，也非常有利于对学生的培养。

2. 创新技术产业化

德国数控机床的产业链很长，具有完整的配套能力，为机床制造企业配套的既有家族式小企业，也有像西门子公司这样的超大企业。从紧固件、密封件、轴承等基础元件，一直延伸到高端功能部件（如高性能数控系统、五轴头、伺服电机等）都能生产，且都有全球标杆的产品。德国拥有全球领先的汽车、航空、装备制造业，也为机床行业提供了源源不断的技术需求和产品市场。

德国机床产业特别重视标准化建设，以标准化认证体系与组织、标准化战略、标准化创新计划（INS）为核心的标准化制度体系，对德国数控机床产业发展产生了重要影响。

德国数控机床产业非常重视二手机床的改造，不仅考虑如何通过机床的数控化改造来适应生产技术的发展、劳动组织的变革，而且还全面地考虑了如何充分利用技术工人现有的经验知识。因而，在机床改造过程中，除企业从事机床改造工作外，还有高校、研究机构等以顾问或项目合作者的身份积极参与机床的改造，全面、系统地研究。这种产学研多方合作并进行全方位的实践与研究是德国在机床数控化改造方面的又一大特点。

3. 政策环境

为了帮助机床用户更好地了解数控机床及机床数控化改造，便于企业、高校和研究机构介绍、推广产品及经验，德国定期举办国际数控机床展览会与数控化改造的二手机床设备展览会，展示国内数控机床产品；企业与高校及研究机构经常结合项目举办各种形式的研讨会、经验交流会以及现场成果展示会；利用专业杂志、出版展会论文和光盘及互联网等各种媒体提供数控机床信息。通过宣传与交流，加深了用户与数控机床制造业之间的密切联系和相互合作的诚信度，对数控技术创新发展提供了实际性发挥的舞台。

（三）日本数控机床产业技术创新支撑体系

1975 年，日本成为世界第四大机床生产国。随着计算机数控（CNC）车床和加工中心的出现，1982 年日本机床产量跃居世界首位，且领先地位一直保持了 19 年。目前，排世界前十位的机床企业有一半是日本企业，如马扎克、天田、大隈、森精机和捷太科特等。同时，日本还拥有发那科（Fanuc）和 NSK 等世界知名的机床配套企业，在滚珠丝杠副、精密轴承、各种转台、换刀装置、各种气动、液压装置、直线导轨及主轴部件等功能部件开发和生产上都具有技术优势。2012 年，日本机床制造的从业人员达到 2.5 万人左右（见图 2－5）。

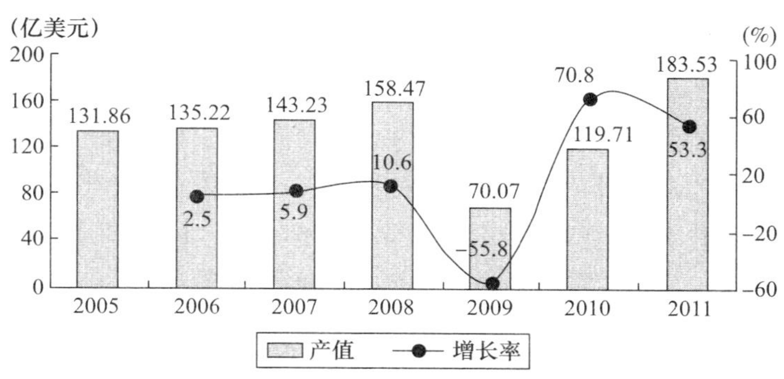

图 2－5 2005～2011 年日本机床产值增长趋势

1. 创新技术供给

一是主机企业与功能部件企业建立研发联盟。日本机床工业通过对多功能数控车床和加工中心的开发实现了跨越式的发展。其中售价从 20 万～50 万美元的机床，在国际市场上是最具竞争力的产品。这些机床所装备的许多数控设备和伺服电机都是由 Fanuc 公司、三菱电器、Yasukawa Electric 公司生产的。Fanuc 公司在国内和国外的市场份额分别占到 70% 和 50%。

在日本，为了将数控设备和软件装备到新的机床上，机床生产商通常需要与数控设备生产商进行密切的技术协作。例如，马扎克为了提高自己生产的机床与其他企业生产机床的差异性，与 Fanuc、NSK 等公司建立长期性的技术合作研发与应用合作关系，以实现机床移动控制的最佳效果，而机床特性和数控单元两方面技术都是其非常核心的技术。数控设备生产商最终拥有机床部件与数控设备之间连接界面的所有权。因此，机床生产商和数控设备制造商之间的关系趋向于建立一种排他性的和长期性的合作关系。

这在历届数控机床展览会上都可以得到验证。从 1999 年的芝加哥机床博览会开始，参展的数控机床的 33% 使用的是通用电气公司（此后是 GE Fanuc 自动化公司）的数控设备，14% 使用的是 Fanuc 公司的产品，9% 使用的是西门子公司的产品，还有 6% 使用的是三菱公司的产品；巴黎博览会上，参展的数控机床所用的数控设备中，Fanuc 公司占 35%，西门子公司占 18%，三菱公司占5%；在东京博览会上，参展的数控机床所用的数控设备中，Fanuc公司占72%，三菱公司占10%。

日本数控机床制造商与功能部件生产商之间的研发联盟是日本数控机床产业在20世纪90年代处于领先地位的根源。

二是采取引进—吸收—再创新模式。日本的机床数控系统开发商发那科（Fanuc）公司，在得知美国盖迪公司（Gette）新开发出了电气伺服电机后，敏锐地判定这是新技术的发展方向。Fanuc放弃第一代步进电机数控系统转向伺服控制系统，先自行研制，遭遇失败后，决定引进美国技术。1970年，Fanuc引进美国盖迪公司（Gette）电气伺服电机技术，至1974年，公司技术小组一直坚持吸收、消化与再创新，最终掌握了数控机床控制中的关键技术。

为了支撑再创新，Fanuc一直重视基础理论科研与应用技术科研工作，并将其紧密结合，使其数控系统技术一直在世界上领先。公司设有一个基础技术研究所，开展未来5～10年的新技术研究开发，并广泛吸引专家人才，做到“三不问”（不问国别、性别、年龄），唯才是用，只问“成果”。

2. 创新技术产业化

Fanuc公司有一个强大的商品开发研究所。人员占公司职工总数的30%，主要任务是调研市场需求、接受基础技术研究所的科研成果，开发新产品。其要求只有三点，人人皆知，且严格执行。即：新产品要零件最少、成本最低、工作最可靠。Fanuc在20世纪80年代后期，先后建立了数个自动化工厂，利用机器人与数控机床组合，对数控系统、机器人等进行自动化生产，均居世界一流水平。

3. 政策环境

日本数控机床产业发展时间长，不仅政府对数控机床装备高度重视，在战略上讲求“先仿后创”，而且通过政府规划和制定法规，提出日本数控机床产业的发展方向，并提供充足的研发经费，鼓励科研机构和企业大力发展数控机床，特别注意发展关键技术、开发核心产品。同时，日本的文化造就了其精细化的理念，可实现精细化生产。

2002年日本正式提出了“知识产权立国”战略，并为此落实了一系列措施来保障该战略的顺利实施。至2007年日本的发明专利授权量已在发达国家中排名第一位，其中日本机床企业的发明专利申请数量至2009年已达到55037件。

三、我国数控机床产业技术创新支撑体系分析

我国数控技术的发展起步于20世纪50年代，近30多年，我国数控机床的设计和制造技术有了较大提高，数控机床在技术和产量上获得迅猛发展，并运用到各行业用户中。“十一五”期间，我国数控机床年产量从初期的近6万台发展到2010年的近22.4万台，增长了近3倍，2008年我国成为世界机床制造第一大国。随着一系列关键技术的突破和自主生产能力的形成，我国开始突出外国制造的“重围”，进入世界高速数控机床和高精度数控机床生产国的行列。

（一）我国数控机床产业发展概况

1. 产业规模

据国家统计局发布信息显示，2012年我国机床工具行业规模以上企业有4883家，其中机床制造企业约1187家，从业人员29.3万人。在机床制造企业中，金属切削机床有678家，占机床工具行业的13.9%；金属成型机床有509家，占机床工具行业的10.4%。

数控机床企业有600余家，数控机床产量21.88万台。其中，数控金切机床企业有244家，年产量20.57万台，产值430.7亿元；数控成型机床企业有86家，年产量1.31万台，产值71.8亿元；其他为数控机床配套企业。

能批量生产（单机年产量在100台以上）数控金切机床的企业42家（国有企业30家，民营企业5家，合资、独资企业7家），年产值在100亿元以上的2家，即大连机床与沈阳机床；年产值50亿～100亿元的有1家，即陕西秦川；年产值在10亿～50亿元的有北京第一机床等20余家。

功能部件（数控系统、主轴、伺服电机等）主要生产企业共75家，具有批量生产能力（单品年产量在1000件以上）的企业8家（国有企业3家，民营企业2家，合资、独资企业3家）。

生产数控机床配套产品的企业共计270余家，主要提供八大类产品：机床辅助装置、机床通用配套件、机床液压气动、机床化工产品、机床电器、机床

附件、机床工具系统、磨料与磨具。

2. 产业集中度

数控机床产业分布在我国东北、西部、中南、华中、京津鲁五个区域，覆盖20个省份。2012年数控机床产量前6位的省（市）是辽宁、浙江、山东、江苏、北京及云南，这6个省市数控机床产量占全国总产量的58.3%。

国内大型企业由于自身的技术积累、研发体系、经济实力等较雄厚，数控机床产品得以快速发展，但整个国内机床产业集中度不高。从表2-2的数据可以看出，2011年国内机床总产值1486.7亿元，前六强企业销售收入531.8亿元，占全国机床总产值的35.8%；而德国2011年前六强企业产品收入63.76亿美元，占全国机床总产值134.95亿美元的63.76%；日本前六强企业产品收入71.87亿美元，占全国机床总产值183.53亿美元的39.2%；美国前两强企业产品收入26.1亿美元，占全国机床总产值41.61亿美元的62.7%。

表2-2 2011年金属切屑机床行业产品销售收入前十位

企业	销售收入（亿元）	同比增长（%）	位次
大连机床集团	201.0	22.4	1
沈阳机床集团	180.0	25.4	2
陕西秦川机床	80.4	21.8	3
北京第一机床	33.3	15.7	4
重庆机床集团	19.3	16.8	5
天水星火机床	17.8	30.6	6
宁波海天	16.4	36.6	7
杭州友佳精密机械	16.0	38.7	8
齐重数控装备	15.4	-35.4	9
云南正成工精密机械	14.9	14.7	10

3. 产业技术状况

国内数控机床产业在快速发展中，出现了一批原创性技术成果，并在高性能数控机床、中高档数控系统研发与应用上取得突破，表明国内数控机床技术有了较大发展。但也存在着核心技术掌握不足，关键零部件发展滞后等问题。

（1）出现了一批原创性技术成果。代表产品有北京机床所自主研制的超精密球面加工设备，上海机床厂有限公司研制的采用共轭原理的数控砂带凸轮轴成型磨床，齐齐哈尔二机床、清华大学和哈尔滨电机厂有限公司产学研结合研发的大型龙门式五轴联动混联机床获得发明专利，实现了在并联机床研究上的突破。

（2）高性能数控机床取得一定突破。北京机电院高技术有限公司研发了直线电动驱动高速立式加工中心，济南二机床在引进消化吸收基础上自行研制出高速五轴数控龙门铣床，沈阳机床与国外联合设计开发了五轴车铣复合加工中心，济南一机床研发出双刀架多主轴数控车床等。

（3）中高档数控系统研发与应用成果显著。国内企业通过自主研发和与国外开展技术合作，在中档数控系统的开发和生产上取得明显进展。如武汉华中数控公司、北航数控公司、西南自动化所等单位开展了开放式数控系统体系结构和软硬件平台的研究，开发了数控系统运动控制、可编程控制器等，并基于这些功能组件建立了满足三类操作系统的开放式数控系统平台。伺服控制系统成批量生产能力也有所提高。

（4）核心技术掌握不足。由于受国外技术封锁，加上国内数控系统生产企业的起点较低，导致了国内企业的技术水平落后，国内数控系统生产企业在设计原理、元器件及应用技术上差距较大，而国家的科研投入基本都被企业用作新产品开发而不是关键技术研发。

同时，跨国公司为了占领中国巨大的市场，采用技术封锁和低价倾销的双重竞争策略。一方面，对中国不能生产的产品，跨国公司不仅抬高价格，还附加许多限制；另一方面，对中国能生产的数控系统，则连续采取大幅度降价措施，以争夺中档产品的市场份额，并不惜重金从我国数控机床企业挖走熟悉业务的市场策划和销售人员。

（5）关键零部件发展滞后，主机面临“空壳化”。相对数控机床主机企业来说，我国关键零部件生产企业的发展更显滞后。关键零部件不仅决定着机床的整机性能，还占到整机成本的60%左右，其发展状况直接关系数控机床整机的竞争力。

我国功能部件生产企业一直在“重主机轻配套”和“重洋轻土”的环境下艰难前行。尽管近年来扶持力度不断加大，但尚未走出低价竞争阶段，部分产品停留在“能做”的层面，远没有形成产业化配套能力。而且主机企业或最终用户对国产功能部件不信任、不愿采用也制约了功能部件发展。新产品得不到应用平台的检验，无法发现问题、跟进改进，由此陷入了恶性循环，企业投入资源和成本研发的新产品被束之高阁，在造成极大浪费的同时也严重挫伤了企业自主研发的积极性。功能部件发展滞后已经成为产业空心化、制约整个产业发展的矛盾焦点。

（6）原始技术创新成果少。从专利上看，2001～2010年的10年里，国内机床行业B23类专利总量为6.19万件，B24类专利总量为1.47万件。① 在B23类专利中，发明专利申请2.17万件，发明专利授权0.85万件，实用新型专利3.21万件，分别占B23类专利量的35.06%、13.09%和51.85%。在B24类的国内专利中，发明专利申请5137件，发明专利授权1798件，实用新型专利7778件，分别占比34.91%、12.22%和52.86%。

从上述数据可以看出，我国机床行业专利的国内申请数量持续走高，但专利数量的大幅增长主要是受实用新型专利数量增加的带动，更具技术含量的发明专利和发明授权专利的增幅远低于实用新型专利的增幅。我国实用新型专利所占比重从2001年的45.07%升至2010年的68.95%；发明专利所占比重却维持在30%左右，没有得到提升；而发明授权专利的比重则不断降低，从2001年的22.95%降至2010年的0.85%。通过对国外主要机床生产国在中国申请专利的情况进行分析，10年间，日本、美国和德国在中国申请的专利分别为5133件、2719件和1935件。上述三国发明专利约占其专利申请的70%，发明授权专利约占30%，而实用新型专利的占比较小。这与中国整体的专利类型分布正好相反，反映出我国机床产业专利质量与发达国家相比在技术含量上存在明显差距。

4. 市场状况

（1）高档产品基本依赖进口。在国内市场需求方面，低档机床和中档机床各占约50%和40%，高档数控机床的需求大约是10%。在国内应用的低档经济型数控机床基本都是国内产品，产品不管是从质量还是可靠性上都可以满足大部分机床用户的需要。国内中档普及型数控机床中有60%～70%是采用国内产品，但是这些国产数控机床约80%的数控系统都使用国外产品。在高档机床方面，国内产品只占到2%，基本上依赖进口。2013年，我国从德国进口的高档数控机床卧式加工中心、数控车床、复合机床分别增加19%、19%、31%，从意大利进口的高档数控机床卧式加工中心、特种机床、立式加工中心分别增加4%、150%、100%。

（2）中低档产品产能迅速扩张。受前些年市场需求旺盛的影响，国内外

① 按照国际专利分类表（IPC）的分类码，机床行业主要涉及两类编码：B23（机床；未列入其他类的金属加工）和B24（磨削；抛光）。

投资大量涌入数控机床产业，新企业大量涌现、老企业纷纷扩能，全产业的生产能力快速扩张，重型、大型机床制造能力的扩张尤为突出。仅“十一五”期间全产业就完成固定资产投资 4116 亿元，固定资产年增长 37%。在前期投资陆续形成新产能的同时，目前有些地方和企业仍在投入新的项目。

但快速增长的巨大产能结构是失衡的。2011 年我国生产金属切削机床 110 万台，机床排名第二的日本为 10 万台，但日本机床单台售价是我国的 5 倍，表明我国的产能主要来源是中低档产品，在市场下滑的形势下，中低档产品产能严重过剩的问题格外突出。

（3）供给能力与需求结构不对称。国家经济结构的迅速升级使得对数控机床的需求档次快速上升。国家重点支持的航空、航天、船舶、能源、汽车等重要领域和战略性新兴产业需要大量的高档乃至尖端机床，但数控机床产业的产能结构严重滞后于需求结构的变化，在通用性低端产品供给能力明显过剩的同时，中高端产品尤其是面向高端细分市场的专业化产品供给能力严重不足。

据中国机床工具工业协会调查显示，国内企业在新产品开发上确实开展了许多工作，不少企业已经能够生产五轴、高精、高速、复合等高档数控机床产品及生产线，但从调查表中的“典型用户”和“销售情况”栏目填报看，真正在重点领域或关键工序应用的还不多，形成商品化、产业化的更少，多数仍然处于展品和样机阶段。

（4）国内数控机床产业呈下行趋势。2012 年我国机床行业延续了 2011 年下半年开始的下行趋势，金切机床总产值为 1464 亿元，同比降低 0.8%。金切机床产量为 79.7 万台，其中数控机床产量达到 20.6 万台，同比分别降低 13.6% 和 16.2%。金切机床行业实现利润 57.3 亿元，同比降低 30.4%，产品销售利润率为 4.1%，同比降低 1.5 个百分点。

2013 年，低端产品普通机床和经济型数控机床市场需求同比下降分别是 34%、15%，中档产品立式加工中心、卧式加工中心、普及型数控车床分别下降 11%、1%、14%。

此外，汽车、造船、工程机械、风电等数控机床下游产业发展趋缓，也影响了数控机床产业的发展。

（二）我国数控机床产业技术创新支撑体系现状

1. 创新技术供给

（1）主机企业是产业技术研发的主要力量。数控机床产业是国内各产业中最早通过海外并购提升技术创新能力的，目前数控机床产业有6家企业进行了海外并购，如沈阳机床集团收购德国希斯公司、大连机床集团收购美国英格索尔全资子公司、重庆机电控股收购霍洛伊德精密机床公司等，海外并购在推动这些企业技术进步的同时，也促使企业在内部着手构建研发体系，建立研究院、技术中心等不同层次的研发机构，从事前瞻性研究、技术开发、产品开发等；逐年加大研发投入，平均年递增0.2%～0.4%；在人才培养上注重人才引进，投资开展技术交流与培训，提升人才的研发能力与综合知识能力。

同时，国家依托这些企业建设国家重点实验室，如沈阳机床建设高档数控机床国家重点实验室，对数控机床设计技术、数控机床检验测试技术、数控机床驱动与控制系统技术、数控机床先进工艺技术、重要功能部件等关键技术开展理论与试验研究，促进了企业研发能力建设。

此外，沈阳机床、齐齐哈尔二机床、济南二机床、济南一机床、秦川机床、重庆机床、大连机床、天水星火机床8家企业还被认定为国家级企业技术中心，以引导这些企业提高自主创新能力。

（2）数控系统企业与主机企业合作研发促进产业技术进步。我国数控机床的发展模式多采用马扎克模式，即主机厂商在系统厂商提供的平台上研发自主品牌的数控系统，并与自产的数控机床配套销售。“十一五”期间，华中数控与大连机床、北一机床、武重集团、南通机床等重点机床企业建立战略合作伙伴关系，这些主机企业在华中数控开放式平台上研制自己的数控系统，促进了中高档国产数控机床和数控系统发展。例如，华中数控与大连机床以资产为纽带，建立战略合作伙伴关系，在华中数控系统开放式平台的基础上，大连机床集成了用户工艺，开发出特色功能和界面，研制了“大连数控”品牌数控系统，已累计生产销售6000余套，提高了大连机床的整机性价比，改变了大连机床以往中高档机床全部配置国外系统的状况。此外，大连机床在关键机床部件生产线上，建立了国产数控机床、数控系统和功能部件自产自用应用示范基地，已使用各类配置大连数控系统和华中数控系统的机床近500台。

（3）高等院校重点开展基础研究和应用研究。机械学科在我国高等教育体系中是传统的、基础的学科，在高校中占比是较大的，据2012年全国高校学科评估相关材料，全国本科院校642所，其中102所有机械工程学科，占全国本科高校的15.9%。

西安交通大学机械工程学院长期从事切削磨削加工、机床设计、刀具设计等机械制造的基础研究与应用研究，在超精密、超高速加工等装备基础理论以及轴承、故障诊断与检测等关键技术研究方面积累了丰富的经验。

北京航空航天大学机械工程在多年学科建设积累和持续稳定发展基础上，特别是经过“十五”“十一五”期间的重点建设，面向国防科技工业和现代制造业，突出航空航天制造特色与现代工程技术优势，形成了4个稳定且具有特色的核心研究方向：先进数控加工技术与装备；切削过程仿真与切削参数优化及工程应用技术；航空先进材料加工参数优化数据库技术；高速、高效数控加工工艺及工程应用技术。

华中科技大学建立了数字制造装备与技术国家重点实验室，其他部分高校也建立了部省级、行业重点实验室20多家，开展产业前瞻性技术的研究。

（4）产业技术创新战略联盟推动产业关键技术和共性技术研发。我国数控机床产业已成立了数控机床高速精密化技术创新战略联盟和重型机床技术创新战略联盟两个国家级联盟，部分省市也建立了多个省级特色数控机床联盟。这些联盟通过产学研用相结合，推动了高速精密数控机床关键功能部件开发以及相关应用技术的突破。

数控机床高速精密化技术创新战略联盟成立于2008年12月，在充分利用国家重点实验室、国家工程技术中心及企业技术中心等现有研究开发条件设施基础上，建立了产学研用协作机制和数控机床高速精密化共性技术的研发平台。该联盟自成立以来，围绕数控机床高速精密化发展需求开展攻关，开发出若干项具有自主知识产权、对行业有重大影响的关键共性技术，实现高速精密数控机床关键功能部件开发、高速精密机床运动特性研究、高速精密机床切削工艺研究、高速精密机床数控系统应用技术研究等领域的突破和产业化应用。联盟内部还建立了研发资源、研究成果共享机制，积极参与制定相关行业技术标准和规范。

（5）国家或省市级重点实验室成为产业技术供给的重要来源。我国数控机床产业有两家国家重点实验室：高档数控机床国家重点实验室与数字制造装备与技术国家重点实验室。另外，相关高校还拥有机械类国家级、部省级和行业重点实验室20多家。这些实验室为数控机床产业提供了许多重要的技术成果输出与验证服务。

高档数控机床国家重点实验室依托沈阳机床（集团）有限责任公司建设，实验室以服务于我国数控机床及相关行业为宗旨，采用产学研相结合的方式，对数控机床设计技术、数控机床检验测试技术、数控机床驱动与控制系统技术、数控机床先进工艺技术、重要功能部件关键技术等开展理论与试验研究，并开展重要技术标准的研究和制定，在高档数控机床技术领域取得一些重要技术突破。

数字制造装备与技术国家重点实验室依托华中科技大学建设，主要研究包括复杂机电系统动力学、制造过程中的几何推理和物理行为建模及精密运动规划与控制等数字制造理论基础；新型数控系统和重点行业数字化制造装备关键技术；涵盖高速切削机理及切削颤振、精密加工与补偿技术及特种加工工艺的先进制造工艺与方法。

2. 创新技术产业化

（1）数控机床主机企业、功能部件企业是创新技术产业化的主体。我国有244家数控机床主机企业，产品从2000年的车、铣、镗、钻、磨等100余种发展到2012年近1500余种，其中复合机床、加工中心、多轴联动机床等代表产业技术进步的高档机床近年来的发展尤为突出，部分大型主机企业如沈阳机床在内部建立了研究院，加速了技术成果产业化进程。75家功能部件企业的产品也在不断演变与发展中，除数控系统基本满足低中端需求外，其他伺服电机、滚动丝杠、机器人等产品的研发也逐步满足了国内主机企业的需求。

（2）工程（技术）研究中心建设提高了工程化、产业化能力。国家在数控机床产业领域认定了15个国家工程（技术）研究中心，在创新技术产业化方面发挥重要作用。例如，制造装备数字化国家工程研究中心是2005年经国家发改委批准，以华中科技大学为依托，并联合武汉重型机床、大连机床、华中数控等企业共同组建的。该中心在先进制造技术与装备领域，已自主开发成功华中数控系统、全数字交流伺服系统，与武汉重型机床合作研制成功大型舰艇螺旋桨用重型七轴五联动车铣复合加工机床、与江苏沃德集团联合开发高速数控冲床等数十种重大制造装备，填补了国内空白。国家数控系统工程技术研究中心是1999年经国家科技部批准，依托华中科技大学建设的，集数控基础技术和应用技术研究、开发、工程化、中试、应用以及人才培养于一体。该中心既有强大的数控研究、开发能力，又具有工程化、中试生产、质量管理和技术服务能力；并进行了大量的数控系统原理、伺服驱动装置和数控系统开发。

3. 技术创新服务

（1）中国机械工业联合会。该联合会在调查、研究机械行业经济运行、企业发展，向政府反映行业企业的意见和诉求等方面做了大量工作，为政府部门制定行业技术经济政策、贸易政策等提供了大量建议和咨询服务；分析和发布与行业相关的技术与经济信息，进行市场预测预报，为企业、会员和社会中介组织等提供了大量的信息服务；组织制定、修订机械工业的国家和行业标准、技术规范，组织宣传贯彻，并参与行业质量认证和监督管理工作，为企业的质量工作提供诊断、咨询服务。

（2）中国机床工具工业协会。该协会以中国机床工具工业的制造企业、科研设计单位等为会员，以调查研究机床工具行业的现状及发展方向，向政府反映行业、企业的要求为责任；接受政府部门委托，提出行业发展规划建议，推动行业技术创新和产业整体素质提升，并组织技术、经济、市场、经营、服务等管理经验及动态信息的交流和咨询，发布统计信息，为数控机床产业举办国际、国内机床展览会等服务活动，支撑了产业发展和技术进步。

（3）高校与中介机构。相关高校面向产业提供国内外技术发展预测以及技术转移、成果转化、技术信息、检验检测等服务。信息服务、金融服务等中介机构也为数控机床企业提供宣传、融资、信息采集、出版等服务。

4. 政策环境

（1）制定并出台了产业发展的战略规划。《国家中长期科学和技术发展规划纲要（2006～2020年）》明确提出："提高装备设计、制造和集成能力，以促进企业技术创新为突破口，通过技术攻关，基本实现高档数控机床、工作母机、重大成套技术装备、关键材料和关键零部件的自主设计制造。"同时，确定了"高档数控机床和基础制造技术"作为16个国家科技重大专项之一。

国务院《关于加快振兴装备制造业的若干意见》中提出，要发展一批有较强竞争力的高档数控装备制造企业集团，增强具有自主知识产权重大技术装备的制造能力，基本满足能源、交通、原材料等领域及国防建设的需要；依靠区域优势，发挥产业集聚效应，形成若干具有特色和知名品牌的数控装备制造基地。

国家发改委制定的《数控机床发展专项规划》对"十一五"期间我国数控机床产业的发展目标、产品发展重点、技术发展重点以及配套扶持政策进行了规划，并提出通过实施示范工程，加快发展高档数控机床；加强技术攻关，提高自主创新能力；突破技术瓶颈，推进功能部件及数控系统产业化；集中力量，搞好重点骨干企业技术改造四个方面来振兴我国数控机床产业。

（2）运用科技计划项目引导产业技术创新。国家各项科技计划都针对数控机床产业技术发展部署了一系列项目（课题），覆盖了从基础研究、应用研究、技术开发一直到产业化示范应用。

国家重点基础研究发展计划（"973"计划）项目，重点支持面向机床工具行业中的关键、共性和前瞻性的基础研究领域。如超高速机床结构界面物理表征方法、高性能滚动轴承基础研究、高速数控机床动态行为演变及其高精度控制等项目。

国家高技术研究发展计划（“863”计划）项目，旨在提升某个领域或者某个加工行业的数控机床装备技术和新数控机床装备产业化示范。如螺旋桨用重型七轴五联动车铣复合机床项目、箱体类精密工作母机设计制造关键技术、面向精密加工行业的关键技术、装备及示范应用等。

高档数控机床与基础制造技术国家科技重大专项，2009 年由工业和信息化部牵头组织实施，重点开发航空航天、船舶、汽车制造、发电设备制造等需要的高档数控机床，高速精密复合数控金切机床等，基本涵盖了四大用户未来 10～15 年发展对高档数控机床的品种需求，逐步提高我国高档数控机床与基础制造成套装备的自主开发能力。“十一五”时期，高档数控机床与基础制造技术国家科技重大专项在以下方面取得一系列成果：

1）重大装备研制取得突破。围绕重点领域的急需，专项攻克了大跨度、超重型机床设计制造技术，超大型立式和卧式回转台设计制造技术，超宽、超长工件加工工艺等一批关键技术，开发出数控重型桥式龙门五轴联动车铣复合机床、大型快速高效数控全自动冲压生产线等具有国际先进水平的制造装备。

2）中高档数控机床性能有效提升。专项针对市场需求面广、进口量大的高速精密加工中心以及数控车床、五轴联动加工机床等产品进行开发，开展了可靠性与数字化设计、性能整体评价、动态补偿等关键技术攻关，有效提升了中高档数控机床的整体技术水平和市场占有率，初步满足了国内需求。

3）数控系统、功能部件及刀具研发进展顺利。数控系统的研制与开发在关键技术上取得明显突破，成功研制出具有国际技术水平的、为五轴联动加工机床配套的数控系统；滚珠丝杠及直线导轨、数控回转工作台、双摆角数控万能铣头等功能部件，实现了关键技术突破；开发了一批四大领域急需的精密、复杂及硬质合金刀具，并在重点企业得到应用，部分替代了进口。

（3）建立了数控机床产业化基地。在各级政府政策支持下，我国已建立了旨在促进数控创新技术产业化的沈阳国家特种数控机床高新技术产业化基地、大连国家数控机床高新技术产业化基地等数控机床产业化基地，正在形成多个数控机床产业创新集群。

（三）我国数控机床产业技术创新支撑体系的主要问题

1. 创新技术供给方面的问题

（1）企业研发能力不强。主要表现在研发投入不足、缺乏核心技术和原创性基础技术、研发模式落后、高端人才匮乏。

根据对数控机床典型企业的调查，企业研发投入强度较弱，对基础研究的投入尤其偏低，导致数控机床的关键、共性技术无法突破，产品整体技术水平与发达国家相比始终存在 10～15 年的差距。

国内数控机床企业普遍缺乏核心技术。高档数控机床 70% 都被进口占据。上游基础性产品和核心功能部件自主研发也很少，基本被国外垄断。国内企业对引进技术缺乏后续的吸收、消化和再创新的投入和策略，往往只停留在一般的应用层面上，导致很多引进技术过几年又落后了，又得花大价钱再去引进。

这些年，国内企业也开发出不少新产品，在功能上达到了中高档产品的指标，但却不能在用户实际生产中长期稳定运行，重要原因之一是对深层次技术掌握不透。例如，高速主轴的动平衡技术、热变形控制及补偿技术、轻量化技术、智能化技术等关键技术还没能真正掌握。数控系统的二次开发能力普遍较弱，人的观念、技能，企业的管理和业务流程与高档产品的研制不适应，因而做出的产品“形似神离”。

国内许多机床制造企业高层次科技人才严重匮乏，特别是缺乏高级复合型技术人才、高水平的创新管理人才以及熟练的技术工人。国内企业研发队伍中经验丰富的 40 岁左右的中坚力量几乎断档，再加上国内专业人才普遍缺乏国际交流，导致所设计的产品要么过于保守而难以形成突破，要么过于激进而设计错误频发。

此外，国内数控机床大企业 95% 为国有体制，缺乏足够的技术创新动力。中小企业以私营体制为主导，但没有足够的经济实力和缺乏技术积累，只能着眼现有市场适销对路的产品，缺乏对技术创新的投入和积极性。

（2）产业内尚没有独立的专业研究机构。少数研究机构及部分高校研究部门开展了一些有关数控系统的研究，如中科院沈阳计算所、华东数控研究所。但这些研究机构起步较晚，专业研发水平不强，人才流失严重，无法为数控机床产业发展提供有效的技术供给。

（3）高等院校的基础理论研究有待加强，科研与产业需求存在脱节现象。一方面，数控机床基础理论是实现技术创新的重要支撑，涉及力学、机械工程、控制理论与工程、计算机技术等多个基础学科。与发达国家相比，我国高等院校在机床精度、机床动力学与动态分析、机床试验测试及检验技术等相关理论方面都相对薄弱，无法满足日新月异的机床市场变化对现有的知识结构的冲击，严重制约产业技术创新。

另一方面，我国相关高等院校拥有较好的科研平台，具有一些较高水平的研究团队。例如，武汉华中科技大学主持和参加了多项“863”计划、科技支撑计划和重大专项的相关项目，取得了许多的创新成果；西安交通大学主持和参加了高性能滚动轴承基础研究、超高速加工及其装备基础研究和高性能数控机床模块化设计平台等多项研究，在数控机床基础研究和理论研究方面取得许多成果。但高等院校的科研与产业技术创新需求存在脱节，高校科研普遍存在重理论、轻应用，重形式、轻内容的现象，适应机床产业需求的、研究方向稳定、持续的创新团队少，高校实验室对产业技术创新的支撑作用也不能充分发挥。此外，高校的专业设置和人才培养方式也与产业实际需求相脱节，人才培养缺少产业特点的针对性，毕业生掌握的知识不能满足企业的实际需要。

（4）产学研合作机制不稳定。近年来建立的一批产学研合作联盟，其法律地位、运行机制、成果共享机制、利益分配机制和产业化模式等尚在探索，多数联盟停留在共同开发市场阶段，缺乏深层次的研发合作，难以对产业技术创新形成有效支撑。

2. 创新技术产业化方面的问题

（1）产业链不完善。关键功能部件技术水平的高低、性能的优劣以及整体的社会配套水平直接决定和影响着数控机床整机的技术水平和性能，也制约着产业的发展。国产中档数控系统国内市场占有率只有35%，而高档数控系统95%以上依靠进口。国产功能部件国内市场总体占有率约为30%，其中高档功能部件市场占有率更低，中国台湾地区的品牌功能部件约占国内市场的50%，其余20%为欧盟、日本等国家和地区的品牌产品。

导致上述现象的主要原因：一是国内机床产业配套体系不合理，重主机、轻配套。尤其是数控系统、电轴、刀库机械手等关键配套发展滞后，制约了高档产品关键技术的突破。二是我国功能部件生产企业规模普遍较小，布局分散，有些还依附于主机厂或研究所。从整体上看，我国功能部件生产发展缓慢，品种少，产业化程度低，精度指标和性能指标都还不过硬。滚珠丝杠、数控刀架、数控系统、电主轴等数控机床功能部件虽已形成一定的生产规模，但仅能满足中低档数控机床的配套需要，衡量数控机床水平的高级数控系统、高速精密电主轴、高速滚动功能部件和数控动力刀架等还依赖进口。

（2）产业集成技术水平低。数控机床主机制造技术是非常复杂的、典型的集成制造技术，涉及原材料、设计、工艺、标准、检测、调试等多个方面，任何一个环节的薄弱，都会导致数控机床整机产品技术水平的落后。

1）产品设计技术。我国早期的机床产品设计仅仅是纯粹的“设计”，根本谈不上“研究开发”，大多是根据旧产品类比衍生，根据样机模仿测绘，通过参数估算、有限修改来形成新产品，这种情况近年来刚刚有所改变。在产品设计过程中，机床运动动态分析、机床基础件应力分析等国际通用的常规手段还没有得到很好的应用，使之在概念设计阶段就决定了其落后的必然性。国内机床产品与国外先进机床相比，在基础结构上就存在着明显差异，表现在中低速运转情况下尚可应付，在高速、高精、高效的需求条件下，其稳定性、可靠性等结构设计缺陷就完全暴露出来了。

2）制造技术。制造技术是数控机床主机生产的关键，在仅有设计图纸而无相关配套制造工艺支撑的情况下，许多技术引进最终都走向失败。我们能够设计出来却制造不出来；采购的都是同样的进口功能部件，但装配出来达不到国外机床的加工精度；我们有世界一流的装备，却制造不出世界一流的产品。这不仅是设计技术问题，更重要的是制造技术问题，表明我们对先进制造工艺的研究严重缺乏。

3）检测技术。能够设计出来，也能够制造出来，却不能对所制造的产品进行科学准确的检测，所制造产品的技术水平到底达到什么程度也就成了未知数。以五轴车铣头为例，对于刀尖在三维曲面空间的位置，国内根本没有相关的检测标准，更没有检测设备，一切都要从国外学习、引进。

4）核心加工工艺。国际先进机床企业对新材料、新切削方法等用户典型的核心加工工艺有着非常前瞻性的研究，从而能够长期引领机床消费潮流；而国内机床企业普遍对用户典型的核心加工工艺研究不足，如汽车典型零部件的加工工艺等，因而缺乏有针对性的产品开发，要想从跟随满足用户需求跨越到引导提升用户需求，还有漫长的路要走。例如，大飞机国家科技重大专项已启动多年，数控机床产业与该专项的有关工作也开展了合作，但仍存在对需求了解滞后、对工艺技术掌握少、难以深入开展数控机床研发合作等问题。

（3）商业模式缺乏创新。我国机床企业大多采用传统的商业模式，已经远远不适应产业发展需要。互联网技术发展及金融租赁等业务的出现，在一定程度上颠覆了传统意义上的商业模式，为商业模式创新提供了新的机遇。从国内外优秀企业新产品成功上市的经验看，决定新产品成功的因素尽管很多，但与之配套的商业模式能否创新才是关键。数控机床用户对服务的要求越来越高，而国内制造企业多重视通用的单机产品，忽视对用户生产工艺特点和个性化需求的了解和研究。数控机床产业和企业急需加快由生产型制造向服务型制造的转变。

3. 技术创新服务体系有待完善

（1）缺乏先进、可靠的检验测试环境。数控机床可靠性问题已成为影响国产数控机床应用的重要因素，也是当前用户企业反映问题最多的方面。数控机床可靠性可用平均故障间隔时间来评价，该指标不仅给出了对产品质量的时间度量的量化值，更重要的是综合反映了数控机床厂家的设计、加工、装配、调试、质量控制和生产管理等多方面的状况。我国对数控机床可靠性评价体系、评测数控机床的可靠性指标、数控机床故障模式及影响因素、数控机床可靠性增长技术等衡量数控机床可靠性的准确客观指标尚未健全。

（2）产业技术创新服务不配套。国内机床产业的发展过度依靠单机、实物量的增长，国内机床企业对数控机床产业从生产型制造向服务型制造转变的趋势认识不足，为用户提供系统设计、系统成套、远程诊断维护、产品再制造、租赁等全套解决方案的能力缺乏，绝大多数企业的服务收入所占比重低于10%，主要业务收入来自价值链低端的加工装配环节。国内中介机构、科研院所、高校面向产业发展实际需要而提供的技术创新服务还远远不够。

4. 政策环境有待完善

（1）有利于产业技术创新链构建的政策不清晰。国家对数控机床产业发展出台了许多政策，这些政策在实际操作过程中，存在衔接与落实不到位问题。而且现有政策对产业技术创新链构建缺乏激励，很多科研成果仅仅停留在实验室，无法实现转化和产业化。高校、科研院所和国有企业，由于各自考核业绩利益的驱动，没有形成利益的共同体和整体合力，不利于产业技术创新链的构建。

（2）以客户为中心的技术创新体系有待完善。许多产业技术创新项目未按属性分类，往往技术指标和考核指标定得过高，计划刚性过强，未充分发挥市场对技术研发方向、路线选择、各类创新要素配置的导向作用，还未形成主要由市场需求决定技术创新项目和资源分配、成果评价以及企业主导项目组织实施的机制，导致出现技术创新活动脱离产业技术现状和用户需求，降低了技术创新的质量。

（3）人才结构有待改善。虽然国家、地方、企业都对人才培养给予了高度重视，但鉴于人才培养周期长，与产业发展需求相比，人才供给出现较大的缺口。一是科技创新人才短缺，尤其缺少研发领军人才和团队；二是缺乏经验丰富、技艺精湛，能把先进技术转化为现实装备的工程技术人员；三是高级蓝领短缺，如高级镗工、铣工、车工、机械及电气装配与调试等技术人才存在较大缺口。另外，随着企业规模扩大和业务拓展以及企业参与国际化竞争趋势，具有国际化视野的高级管理人才日益成为企业抢占竞争制高点的重要法宝。

（4）技术创新融资渠道单一。国内技术创新的资金来源渠道过于单一，除加大政府对产业技术研发的投入外，需要引导和鼓励更多社会资本参与产业技术创新及成果分享，为产业技术创新提供更多的融资渠道。

四、重构我国数控机床产业技术创新支撑体系的设想

未来20年是我国制造业实现由大变强，进入世界领先水平的关键时期，数控机床产业发展是实现制造强国的重要基础。数控机床产业发展必须顺应“高速、精密、融合、智能、绿色、服务”的技术发展趋势，按照“需求牵引，技术推动”的原则，加快构建产业技术创新支撑体系。

（一）制定数控机床产业技术创新战略规划

机床产业为现代工业生产提供重要的手段，是不可或缺的战略性产业，其基础地位和战略地位决定了该产业的特殊性，建议国家将机床产业列入国家重要基础产业，针对行业特点，制定中长期技术创新战略规划，给予持续支持。

建议由国务院相关领导牵头，发改委、工信部、科技部、教育部、财政部、中国科学院、中国工程院、国家自然科学基金委等部门共同参与，并广泛吸收产业界、科研院校、行业协会的代表，研究制定数控机床产业技术创新战略规划。

数控机床产业技术创新战略规划要以高档数控机床发展为主攻目标，加强高档数控机床共性和关键技术的攻关，注重基础工艺技术研究及应用软件开发，提高整机可靠性和产业化水平，提高国产关键功能部件与数控机床的

配套能力，在航空航天、船舶、汽车、智能装备等重点领域得到示范与应用，将数字技术和智能技术植入产品，使产品的功能极大丰富，使产品向智能一代发展，从根本上提高产品功能、性能和市场竞争力，并加强标准化和专利工作。

数控机床产业技术创新战略规划要根据国家重大项目和用户市场两方面的需求，尤其要抓住国家科技重大专项和国防重点型号工程及建设的需求，如大飞机、航空发动机和燃气轮机等专项。即将启动的“两发”专项对制造工艺和装备的要求更高、难度更大，会涉及新的工艺方法和加工装备，应在数控机床领域提前布局，尽可能更早、更主动、更有针对性地开展技术体系建设、技术预研储备工作。

（二）增强产业技术供给能力

1. 加强企业创新能力建设

（1）研发体系建设。重点支持技术基础较好、具有较高市场地位的骨干企业，建立研发体系，完善中试体系，提高研发水平和技术成果应用的可靠性和稳定性。增强企业在品质管理、设计研发、生产制造、工艺流程、人员素质以及社会配套等方面的综合实力，打造领军型企业。

（2）制造工艺体系建设。生产工艺保障体系是创新技术产业化的重要保障。制造工艺的落后，是国内企业处在即使有国外最新产品的设计图纸、最先进的加工设备、最先进的厂房却仍无法生产出一流的产品的窘境。制造工艺体系的建设，既需要企业加强工艺研究，还应发挥工艺技术的传承，注重研发人才的经验积累。政府在支持数控产业技术创新时，应把制造工艺研究与技术研究项目等同起来。同时，推动已并购国外公司的企业，通过被并购公司的技术人员、技师和操作者到国内生产现场制作，学习具体的制造工艺，完善制造工艺体系，狠抓企业的品牌质量。

（3）加快国际合作与交流。与国外科研院所和一流企业开展合作是提升企业能力，实现主流产品生产的高起点、成批量、专业化的有效途径。沈阳机床与意大利 MAC 公司合作，针对数控机床重大数控刀架核心部件进行广泛技术交流与合作，不仅注重产品设计环节，更加注重产品加工制造过程的实现、加工过程的质量检测和保障措施的实现、未来产业化过程应注重的问题等，通过近两年的合作，产品质量发生了质的飞跃，解决了困扰多年的产品质量瓶颈问题，现已批量生产并配套应用到数控车床的产品之中。海外并购也是缩短与国外技术差距的有效途径。沈阳机床并购德国希斯公司后，重大型产品的设计技术、工艺技术和制造水平明显提高，一些核心技术开始在其他系列产品中得到广泛应用。此外，在某些与国外差距较大的领域，仍可以通过直接引进国外先进技术，并加强消化吸收实现再创新，满足用户的需求。

2. 发挥重点实验室的技术供给作用

数控机床产业内的国家重点实验室有的依托企业、有的依托高等院校，其对产业技术创新的作用发挥不理想，根源在于体制运营问题。国家重点实验室的依托，并不是归属，有些重点实验室根本没有建立对产业开放的运行体系，只为依托单位服务，无法满足产业需求。另外，作为实验室的专家成员，来自不同单位、鉴于隶属关系，无法将精力集中在实验室的工作上。

应引导各国家重点实验室围绕产业发展特点，以解决产业急需的共性技术、关键技术为出发点，持续支持实验室的设施条件建设，建设世界领先水平的科研设施和实验环境。依托国家重点实验室，通过产学研协作机制，构建数控机床产业共性技术的研发平台。利用实验室的平台，加强创新人才的培养，为产业输出高层次领军人才。

（三）提高创新技术产业化能力

针对我国目前没有形成配套的功能部件产业链来支撑主机发展的现状，以提升中高档数控系统和功能部件的配套能力作为产业发展重点，坚持“两条腿走路”方针，在支持专业化企业加快发展的同时，鼓励和支持有条件的机床主机企业根据自身需求延伸产业链，介入数控系统和功能部件产业的发展，从而加速中高档数控系统和功能部件产业的发展进程，专业化企业与主机厂密切结合，形成开发与应用的产业联盟和利益共同体。

在数控系统方面，借鉴马扎克模式，支持数控系统企业和机床企业以资产为纽带，建立战略合作关系，实现主机厂、系统厂、用户多方共赢。重点是做好系统规划，数控企业与主机企业密切合作，更好地为主机服务。鼓励主机厂建立数控系统的研究部门，开发中高档数控软件功能，开发专用加工工艺软件模型。系统的硬件、伺服驱动装置与伺服电动机应由系统专业厂生产配套、不宜重复建设。

在功能部件方面，应给予功能部件生产企业与主机同等的重视，充分调动生产企业的积极性，在产业政策上给予一定的倾斜，在发展所必需的资金、技术和市场支撑方面予以重点关照。建议政府出台一些鼓励行业用户采用国产数控机床及功能部件的政策，对于国内能够生产的中高档功能部件在项目建设过程中强制性要求使用，多给国产功能部件创造机会。功能部件企业也要在同主机厂的密切合作上多下功夫，加快同主机厂结成利益共同体的步伐，争取参与主机的设计与功能部件选型，提高产品技术服务能力，逐步提高配套能力。主机厂家在有能力的情况下，加入到功能部件的发展中来。但主机厂家在介入方式和介入角度方面都要经过充分的考虑，避免走大而全、小而全的路子。主机厂优势在于功能部件的应用和个性要求，而功能部件的优劣取决于产品的设计、加工工艺和技术、各种配套件的研究开发等，应用技术只是其中之一。主机厂和功能部件企业都有太多的技术、工艺问题需要攻克，应该在各自的行业中发挥专业化生产的作用，互相支持、互相促进，实现共同进步，合力促进整个行业的发展。

（四）改善技术创新服务

1. 发挥中介服务机构的桥梁与纽带作用

机械工业联合会、机床工具协会等应及时向政府反映行业企业的意见和诉求，积极参与政府部门制定产业发展及其技术创新规划、政策。调查研究机床产业发展现状及趋势，收集国内外行业发展信息，建立行业数据库，定期发布调查报告和统计信息。组织面向产业的技术、经济、市场、经营、服务等交流和咨询活动。引领企业加强行业标准的修订或制定。组织业内专家制定产业技术发展路线图，引领产业技术创新。

2. 建立公共检测服务平台

依托国家重点实验室、工程技术中心等，整合现有的高、精、尖检测设备，建立行业公共检测服务平台。按照市场机制运作，提高仪器设备的利用率，避免重复购置和资源闲置。

（五）营造创新政策环境

1. 继承和整合04专项的成果

将国家科技重大专项第4项——高档数控机床与基础制造技术专项（以下简称04专项）在行业内重点高校、院所及企业所形成的创新平台进行整合，推动建设1~2个国际领先的国家实验室，10~20个高水平的研发检测平台。对这些平台引进和培养的高端人才，利用国家及地方政府的优惠政策，给予科研经费、安家费补贴和家属安置帮助。

在总结04专项成功经验的基础上，区分各高校、各平台的专业优势，在各自优势领域做精、做深，发挥各自专业特长，建立长期稳定的产学研合作机制，集中精力和资源攻克一批产业的共性技术，并将形成的科研成果在行业内逐步推广。建议考虑延长重大专项支持周期或布局新一轮专项项目。

2. 加快落实首台（套）和海外设立研发机构等政策

由于国外数控机床产品长期垄断国内高端市场，而国内高端数控机床产品刚刚起步，可靠性低，且市场实践经验少，造成国内航空、航天、军工等重点领域对国产机床的认可度低，缺乏采购意愿，不愿担待扶持国产机床的责任，形成国内企业虽然瞄准这些重点领域，投入了大量资源，但始终无法实现产业化。为此，建议在实施国家重点工程和重大军工项目过程中，优先采购国产高端机床装备。加快落实首台（套）政策，对国内企业首台（套）产品的推广使用，给予政策倾斜和一定的财政补助。

鼓励企业通过自主建设或并购等方式在海外设立研发机构，对企业在海外设立或并购研发机构给予相应的政策扶持。

3. 完善高端人才引进政策

数控机床行业同国内其他行业一样，随着国际化竞争的加剧，各国争先凭借各种优惠的政策，鼓励、吸引各类高端人才，加之国内企业政策环境、人才培养等方面与国外优秀企业相比具有明显差距，致使高端人才大量流入外国优秀企业或合资企业。尤其是国有机床制造企业，在高端人才薪酬问题上受到较大限制，建议政府部门放宽引进高端人才的审批权限，改善高端人才的薪酬待遇等政策限制。

五、附录：国内典型数控机床企业

（一）沈阳机床（集团）有限责任公司

沈阳机床（集团）有限责任公司（以下简称沈阳机床）于1995年底通过对沈阳原三大机床厂：沈阳第一机床厂、沈阳第二机床厂（中捷友谊厂）

和沈阳第三机床厂（辽宁精密仪器厂）资产重组而组建。1996 年 7 月 18 日在深交所挂牌上市。2004 年以来，通过并购德国希斯公司、重组云南机床厂、控股昆明机床厂，形成中国沈阳、昆明及德国阿瑟斯雷本三大产业集群，形成跨地区、跨国经营的布局。产品广泛进入到航空航天、汽车、船舶、能源等重点行业核心领域和消费电子等新兴产业，向欧洲、美洲、亚太等地区 10 多万用户提供机床产品和相关服务。2011 年，据美国加德纳（Gardner）公司数据统计，沈阳机床实现机床销售收入 27.83 亿美元，名列世界机床行业第一位。

1. 创新能力及成效

沈阳机床先后投入数十亿元资金，提升技术和产品研发能力。研发力量集中在整机运动控制技术、高档数控机床及其关键功能部件的突破上，由单纯技术攻关转向跟踪国家建设需求实施重点攻关。2014 年，沈阳机床设计研发机构被《环球科学》评为2013 年度最具影响力的十大研发中心。

2010 年公司研发经费为6.08 亿元，占销售收入 143 亿元的 4.25%；2011 年研发经费为 5.31 亿元，占销售收入 180 亿元的 3%；2012 年研发经费为 6.22 亿元，占销售收入 165 亿元的 3.77%。

公司建立了比较完善的创新管理体系，先后制定了《科技项目管理规定》《研发项目立项报告》《研发费用管理办法》《科技奖励办法》《研发部门绩效考核管理办法》等一系列管理制度，以规范研发项目管理、建立健全研发投入核算体系、激励研发人员创新积极性。

沈阳机床自 2007 年开始在政府的支持下启动核心功能部件数控系统的研发，累计投入研发资金十多亿元，先后攻克了 CNC 运动控制技术、数字伺服驱动技术、实时数字总线技术等运动控制领域的核心底层技术，于 2012 年成功研发出具有智能、互联功能的 i5 智能控制系统。2014 年，沈阳机床依托 i5 智能控制系统，在全球范围内率先推出 i5 系列智能机床。这是基于信息驱动技术和计算机技术，以互联网为载体、以为客户提供产品全生命周期服务为核心，将人、机、物有效互联的新品类机床。2015 年，沈阳机床突破和掌握了五轴运动控制技术，并在 i5 智能机床产品上得到批量应用。2016 年，推出世界首创平台型智能机床 i5M8。

沈阳机床持续推进产品升级换代，大力发展中高端智能机床和数控机床。截至目前，机床产值数控化率已提高至 85%，产品结构调整取得显著成效。正在加快推进中德联合设计的 ASCA 系列机床产品产业化及商业化进程，实现

“德国质量，中国制造”。

2. 研发体系

沈阳机床基本形成了以我为主、产学研结合、开放式的创新体系。

（1）内部创新体系。在国外，沈阳机床在德国柏林建立了产品设计中心，瞄准世界机床前沿技术和理念，开发世界级产品；在沈阳机床德国希斯本部建立了产品试造中心和核心精密功能部件制造中心。在国内，在上海建立了核心技术及智能化创新研发中心、在北京航空航天大学建立了飞机零件加工技术研究中心。

（2）外部合作创新体系。沈阳机床与国内外高校和研究机构建立了广泛合作。公司以国家科技重大专项为依托，联合西安交大、中科院沈阳计算所、南通科技、清华大学、上海理工大学、山东博特精工股份有限公司、吉林大学近 20 家企业院校，建立产学研用为一体的产业技术创新战略联盟；与上海同济大学、北京航空航天大学、西安交通大学等国内高校合作，建立国家高速复合数控机床创新平台；与北京润富堂联合进行产品工业外观设计。

在供应商层面，沈阳机床与深圳麦格米特，德国绍特，日本不二越、NSK、安川，中国台湾旭泰等企业建立了战略合作关系，实现了产业链协同创新。

3. 产业技术创新战略联盟建设

2008 年，沈阳机床牵头成立了数控机床高速精密化技术创新战略联盟。该联盟目前拥有企业 9 家、院校 7 家、科研院所 1 家，主要利用国家重点实验室、国家工程技术中心及企业技术中心等现有研究开发机构的科研条件，建立协作机制，形成数控机床高速精密化共性技术的研究平台和持续开发能力，实现国内数控机床高速精密化技术领域的突破。

在联盟成员的共同努力下，已经取得了 6 项国际先进、10 项填补国内空白、14 项国内领先的合作成果，同时在数控机床柔性技术、数控系统的二次开发、测试技术、高精密与高速切屑技术、稳定性技术等取得了阶段性突破，同时针对丝杠、伺服电机、数控自动刀架等功能部件进行了深度研发，使产业核心与关键技术获得了长足发展，实现了多系列自动化生产线的开发，推出了多品种高精大、中型数控机床，在航空航天、汽车、船舶、能源等重点领域开始示范应用。

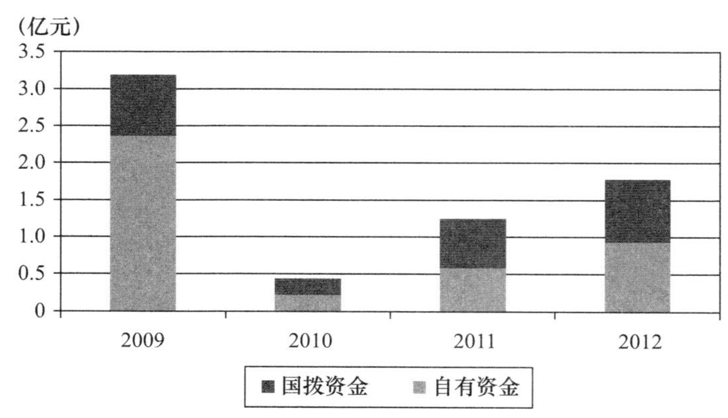

图 2-6 数控机床联盟研发经费情况

4. 服务模式创新

沈阳机床在国内打造了独具特色的4S店营销与服务新模式，提供集产品展示、销售、配件服务、技术服务为一体的服务，在国外构建营销与服务平台。分别在国内的东北、华东、中南、西北四大区域的主要城市成立了几十家特许销售中心、特约服务中心（4S店），销售网络全面覆盖中国工业的各个细分市场。在国外已在德国、土耳其、美国、加拿大等国家组建了销售服务中心。

沈阳机床客户服务中心集服务信息管理、服务业务管理、服务备件管理、服务知识库管理为一体，是国内机床行业首家应用现代信息技术建立的 Call Center 系统。开通 400 客户服务热线，统一客户需求信息入口，集中受理并快速响应客户需求。

（二）北京北一机床股份有限公司

北京北一机床股份有限公司（以下简称北一）是北京第一机床厂重组改制后的、国有控股的大型机床制造企业。公司在境内拥有顺义、良乡、通州、丰台、河北高碑店五大主机生产及配套基地，公司包括 3 个制造部和参控股子公司 13 家，境外全资子公司 2 家，产品涵盖重型机床产品的数控龙门镗铣床、数控落地镗、数控立车、导轨磨床；中型机床产品的数控铣床、数控磨床、数控车床、加工中心、车铣复合机床、激光雕刻、钻削中心、五轴联动叶片/叶轮加工中心、数控珩磨机、高精度外圆磨床、数控磨床、普通外圆磨床、专用磨床、超精加工机床、自动生产线、普通铣床、成套设备、功能部件等。产品广泛应用于汽车、航天、船舶、发电、轨道交通、模具、机械等行业。

1. 技术来源

（1）引进国外先进技术。一是通过收购境外知名机床制造企业，引进国外先进技术，并通过学习集成建立和提升自身技术实力。北一分别于 2005 年 11 月与 2011 年 11 月全资收购了阿道夫瓦德里希科堡机床厂（以下简称科堡）与 C. B. Ferrari 公司，其中科堡是全球最大的高精度重型机床制造商，具有先进制造工艺、质量保证体系、独到的专有技术和管理技术与产品设计等核心技术；C. B. Ferrari 公司拥有机床设计制造、电主轴设计制造、CAM 软件开发应用等部门，其生产机床主要用于能源和航空领域的叶片加工，具有高效、高精、高响应的优势。通过学习式并购，大大拓宽了北一的产品线。

二是采用合资建厂的模式，学习引进国外知名企业的技术。北一与日本、法国、韩国等国的企业进行合作，如北一机床通过与日本大隈公司合作，采用日本公司提供的全套图纸、工艺技术、检验标准、工装设备、工艺流程，同时消化吸收大隈的技术，制造出了具有世界先进水平的加工中心、数控车床等系列数控产品。

（2）成立专门的设计公司。数控机床产业以日本和欧洲技术实力最强，但日本机床和欧洲机床的技术路线风格差异较大：日本以实现新机床技术产业化能力强为特点，而欧洲机床企业以技术创新能力强、勇于开拓为特点。北一借鉴这两种技术路线，与境外企业共同投资成立了中外合资的设计公司，专门从事数控机床的设计。

此外，北一还通过直接将基层工作人员派往国外进行学习的方式，实现创新人才培养；与高校开展技术合作，合作方式主要集中在某项具体技术的合作研究。

2. 研发体系

北一建立了内部三级研发机构及外部合作创新的研发体系。集团公司设立了研究院，专门从事前瞻性研究；各股份公司设立技术开发室，着重解决现有产品升级改造问题；车间设有技术组，侧重现场产品的技术管理。在外部合作方面，通过开展产学研合作，进行项目研发。并加强国际人才引进以及与外企的技术合作与交流。

3. 创新成效

北一不断适应市场需求，几十年来走过了一条由引进、合作、消化、吸收到自主创新的技术创新之路。设计制造的 500 多个品种 10 万多台各类机床销往全国各地，并远销世界 50 多个国家和地区，广泛应用于发电设备、船舶、冶金、铁路、工程机械、模具、机械、汽车、航空、航天等领域。

（三）沈阳高精数控技术有限公司

沈阳高精数控技术有限公司成立于 2005 年 1 月，是在辽宁省和沈阳市政府的大力推动下，由中科院沈阳计算技术研究所有限公司、中科院国有资产管理公司、沈阳机床（集团）有限责任公司、新飞达集团、辽宁科发实业公司等共同投资组建的数控专业化公司，技术上依托高档数控国家工程研究中心。高档数控国家工程研究中心是我国数控工程化研究的重点基地。公司主营业务包括数控系统、伺服驱动系统、伺服电机、主轴驱动单元及相关机床电子功能部件的开发、生产和销售。公司致力于建设以高中档数控系统、高性能伺服驱动单元和高性能主轴驱动单元为主，兼顾全系列产品的成套数控技术和机床电子产品的研发生产基地，为国内装备制造业提供数控、伺服驱动等成套数控系统产品和技术及整体解决方案，扭转高性能数控系统及功能部件产品依赖国外的局面。

公司产品分为数控系统、伺服驱动、机床电气三大系列。公司推出了六个系列的“蓝天”数控系统，为客户提供数控技术的整体解决方案。数控系统产品包括 NC－110、NC－310、GJ－200、GJ－301T、GJ－301M、GJ－400 等型号，涵盖了高档型、普及型、经济型以及专用数控系统等多个方面。NC－110代表国内领先技术水平，多过程控制，16 轴联动，采用先进的 PC 式模块化结构设计，可实现轴运动控制模块和输入/输出控制模块的任意组合和扩展，支持 DNC 在线加工，可实现复杂曲面和样条曲面等异型零件的高效加工。

NC－310 在国内率先采用现场总线技术，通信传输速度 4MBIT/S，传输距离可超过 100 米，SSB 同步串行总线控制器采用大容量 FPGA 芯片设计，集成 ISA 总线控制器和 SSB 总线控制器于一体，降低了系统功耗，提高了系统的抗干扰性和可靠性。

适应国内市场需求，具有高性价比的 GJ－200 系列数控系统，采用自主研发的工业级 PC 硬件平台，Linux 操作系统及实时内核、软件数控、内嵌 PLC 等先进技术和体系结构，可根据用户的需求组态数控系统的功能及界面的定制，并在加减速控制算法、小线段加工控制算法及三次样条插补算法上都有自有技术，使加工性能得到提高，系统的开放性为其功能扩展提供了便利。

专门针对国内增长迅速的雕铣机市场推出的雕铣机专用数控系统 GJ-30M 基于独特的软 CNC 技术，采用 WINDOWS2000 作为运行平台，并嵌入 RTX 的实时系统，保证系统的实时响应，以提供高级的 CNC 功能，多轴伺服全闭环控制，支持主轴定向和刚性攻丝功能，分离（双）轴控制以及在插补、加减速等平滑功能的动态轮廓控制。

公司产品逐渐得到市场的认可，并逐渐从低端市场走向中端市场，从技术层面正逐渐缩小与竞争对手德国西门子、日本发那科（Fanuc）等国际知名数控系统企业的差距。目前已经广泛应用于国产数控机床、数控机械及自动化生产线等控制领域。NC 系列数控系统每年出口到俄罗斯近 2000 台，超过西门子、发那科，占俄罗斯市场近 1/2 的份额。

（四）重庆机床（集团）有限责任公司

重庆机床（集团）有限责任公司（以下简称重庆机床）前身为成立于 1940 年的中国汽车公司华西分厂，20 世纪 50 年代被国家指定为中国 18 家机床制造企业（史称“十八罗汉”）之一，专业制造齿轮加工机床，先后试制成功中国第一台滚齿机、剃齿机、插齿机、涡轮母机，成为中国齿轮加工成套装备的“摇篮”和技术引领者。

2005 年底，重庆机床厂整合重庆第二机床厂、重庆工具厂组建重庆机床。产品涵盖齿轮加工机床、车床、齿轮刀具、汽车零部件、专用机床、精密螺杆、精密铸件、采棉机及采棉服务、智能制造装备等板块，广泛服务于汽车、摩托车、工程机械、能源、船舶、光伏产业、农业机械等领域。

公司主导产品滚齿机、数控剃齿机的国内市场占有率长期保持在 60% 以上，是世界上齿轮加工机床产销量最大的制造商、是中国齿轮机床行业排头兵、中国齿轮机床行业标准化委员会归口单位。

企业拥有博士后科研工作站、国家认定企业技术中心、数控制齿机床重庆市重点实验室、高档数控制齿机床重庆市工程研究中心、欧洲机床研发中心等多个技术创新平台。

近年来，重庆机床自主研发产品已向高速高效、绿色化、自动化、智能化延伸，精密高效磨齿机、干切滚齿机、自动化生产线等重点产品步入高端化，填补着国内高端市场产品空白，并在大型及大型数控齿轮机床产品开发、生产制造、市场服务等方面取得了突破，成功研制生产了一系列达到国际先进水平的大型、精密高档数控制齿机床。

2012 年，重庆机床与 PTG 集团合资成立重庆霍洛伊德精密螺杆制造有限责任公司，具有国际先进水平的精密螺杆已进入发展快车道。2015 年，重庆机床与德国 KAPP 公司、浙江双环传动机械股份有限公司合资组建了重庆世玛德智能制造有限公司，致力于打造国际领先的高端智能制造及智能制造解决方案。成功生产国内首批新型采棉机，新合资组建采棉服务公司，进军农业机械领域。

重庆机床着力打造国际一流的齿轮机床知名品牌，推动智能制造、采棉机及服务、精密螺杆三大新兴领域的发展，跻身世界齿轮机床第一方阵，成为国际装备制造产业转移承接基地。

（五）陕西秦川机床工具集团有限公司

陕西秦川机床工具集团有限公司（以下简称秦川机床）是原秦川机床、汉江工具、汉江机床于 2006 年 11 月合并组建的，并于 2009 年 12 月完成了对宝鸡机床的增资控股。拥有秦川发展、宝鸡机床、汉江机床、汉江工具、联合美国工业公司、秦川—格兰德、盐城秦川华兴机床、关中工具等成员企业。

秦川机床是我国精密数控机床与复杂工具研发基地，拥有国家级企业技术中心、院士专家工作站、博士后科研工作站、美国研发机构及 3 个省级技术研发中心。公司产品以齿轮精加工所需的齿轮磨床为核心，致力于建成具有世界水平的高端装备制造领域的系统集成服务商和关键功能部件供应商。

1. 自主创新

公司自主开发了数控磨齿机专用软件、在机测量软件，新增齿轮测量中心、齿轮综合误差检查仪，自制整机和部件试验台，新增关键检测、试验、加工等设备，提高了公司数控机床的设计、加工、制造、控制、检测及试验能力。

公司承担国家科技重大专项高效精密齿轮磨床产品技术创新平台建设项目，建设关键技术研究、整机集成与性能优化、用户工艺三大试验基地，开展齿轮加工新原理新工艺、齿轮机床设计制造与高速检测、控制技术与伺服优化、可靠性与精度保持性以及用户工艺等九大关键技术研究，研发四大新产品。打造国家齿轮机床研究与研发基地，引领产业升级与技术进步。

公司每年研发的新产品、科研课题和工艺攻关项目平均在 60 项以上，主导产品数控化率达到了 100%，新产品销售收入连续多年占企业销售收入的 50% 以上，促进了企业经济的快速增长。

2. 技术引进

公司在不断提升自身研发设计能力的同时，积极开展国际合作，收购了联合美国工业公司（UAI），拥有了拉床、拉刀、拉刀磨和拉削工艺“四拉合一”技术，具备了为用户提供齿轮加工成套解决方案的能力。成立了全资的秦川美国工业公司（QCA），扩大了秦川产品在欧美市场的宣传和影响力，使秦川品牌在欧美市场被更多的用户认识和接受。

3. 产学研合作

公司先后与西安交通大学、北京航空航天大学、中科院长春光机所、总参第56研究所等60多所全国知名高校和研究院所建立了长期的产学研合作，加强基础共性技术应用研究，实现点、线、面产学研合作，提升技术创新能力和水平；同时与教育部数控机床及制造装备集成重点实验室（西安理工大学）共同研究大型、精密数控磨齿机精度检测与补偿控制技术，提升高档数控机床的可靠性和技术水平。

4. 智力机制

一是依托研发平台“借智”。公司利用博士后科研工作站，开展高端前沿技术攻关。与高等院校联合成立国家快速制造工程中心、机械工业复杂型面数控磨床工程研究中心和陕西省精密数控机床工程技术研究中心，为公司借力外部人才资源、研发优势创造了条件，吸引了一批优秀技术人才。同时，在美国设立、在英国联合建立的两个国际研究所，作为公司研发与高端市场接轨的“前哨站”，成为广纳当地机床行业技术人才为我所用的基地。

二是依靠重大项目“引智”。公司在申报国家科技重大专项的过程中，利用项目吸引人才。如引进具有国际知名公司工作背景，进入国家“千人计划”、陕西省“百人计划”的世界级齿轮专家毛世民博士，为申报弧齿锥齿轮加工机床重大专项起到了决定性作用。

三是创新激励机制“出智”。公司建立了特聘技术专家和特聘技师、首席设计师制度；对重大科研课题公开招标；设立“秦川技术进步奖”，每三年进行一次评选活动；在技术系统实行绩效考核制；对突出贡献者及时进行专项奖励。

5. 研发体系

公司建立了由三级研发机构组成的研发体系：中央研究院、秦川发展技术研究院和各分厂技术科。其中央研究院负责制定公司技术发展战略和技术创新规划，开展共性、关键、前瞻性技术研究，针对高端、前沿技术进行攻关，强化技术“孵化”和储备功能，为企业产品升级和持续发展提供技术支持；秦川发展技术研究院领导各独立法人系统的专业研究所，负责公司新产品开发、工艺研究、技术改造等工作，保障公司技术发展战略和技术创新规划的实施；各分厂技术科主要解决生产过程中的技术问题和产品持续改进，确保科技成果的顺利转化。

以上述三级研发机构为平台，公司实现与国内高校的顺利对接，促进了相关共性技术、关键技术的研发及产业应用推广。此外，与美国密西根大学合作建立开发实验室，充分借鉴和引进国外新技术。

第三章
农业装备产业技术创新支撑体系研究

农业装备是发展现代农业、实现农业持续稳定发展、长期确保农产品有效供给的重要基础。农业装备的发展和应用是衡量农业现代化水平的重要标志，是实现农业生产机械化、规模化和标准化的必要条件，是农业技术创新的重要载体，是提高农业综合生产能力的重要手段。农业装备产业是提高农业发展水平的基础性产业，其发展及技术创新对推动农村产业结构升级、加快农业科技进步具有重要意义。

本章重点以拖拉机、农机具和联合收割机等农业装备为考察对象，分析国内外农业装备产业及其技术创新体系现状，研究影响提升产业核心竞争力的主要问题，提出重构和完善农业装备产业技术创新支撑体系的构想。

一、全球农业装备产业概况

（一）农业装备及产业界定

发达国家的农业基本上是指种植业和畜牧业，美国工程师协会标准（ASAES318.6）将农业装备定义为：设计主要用于农业作业的农用拖拉机、自走式机器、农机具和它们的联合作业机。

按照我国技术标准规定的农业装备的范畴，除了种植业、畜牧业所使用的专用机械外，还包括农产品加工业、林业、渔业机械、农业运输机械和可再生能源装备等共 7 个门类，包含了 65 大类、337 个中类、1374 个小类、7000 多种产品。我国现在能生产 14 个大类、113 个中类、468 个小类、3500 多种产品。主要是农用拖拉机、耕整地机械、播种栽植机械、秧苗栽插机械、秧苗准备机械、中耕机械、植物保护机械、收获机械、场上作业机械、谷物烘干机械、农田基本建设机械、排灌机械等。

本章重点以拖拉机、农机具和联合收割机等农业装备为考察对象，也适当从点拓展到面，从农业装备产业的全局角度，分析和把握其产业技术创新及支撑体系的特点和规律。

（二）全球农业装备产业发展现状

1. 产业规模持续增长

近年来，随着全球工业化进程推进及农业发展需求扩大，全球农业装备产业发展迅速。2012 年，全球农业装备产业总产值达到 860 亿欧元，约 1100 亿美元，与 2011 年相比增长了 7% 左右。自 2006 年以来，全球农业装备产业产值保持了年均 7.4% 左右的增长（见图 3－1）。

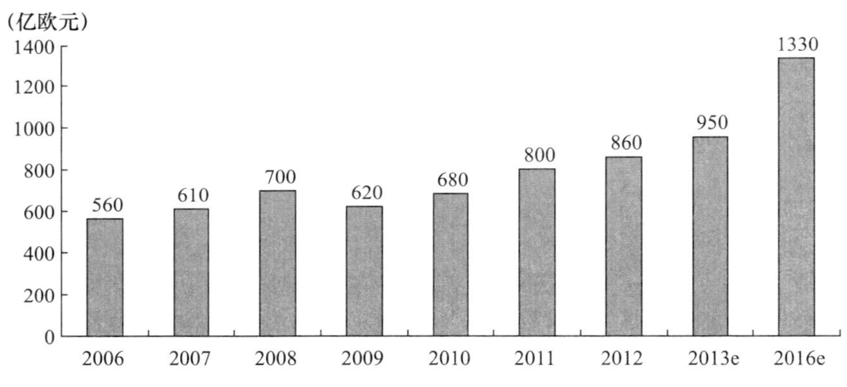

图 3－1　全球农业装备产值情况

2012 年，全球农业装备贸易额达到 430 亿欧元，与 2011 年相比增长超过 7%，自 2006 年以来，全球贸易额保持了 6.9% 增长。农业装备产业规模不断壮大，为保障全球农业生产、应对贫困饥饿等发挥了重要作用。

伴随着人口总量的不断增长以及城市化进程的加快、人类食品结构的不断变化、新能源的快速发展，全球对粮食的需求量和质量要求不断提高，对农业装备应用以及新技术产品研发创新更加迫切。2016 年全球农业装备销售额将增至 1735 亿美元，全球贸易额将达到 530 亿欧元（见图 3－2）。

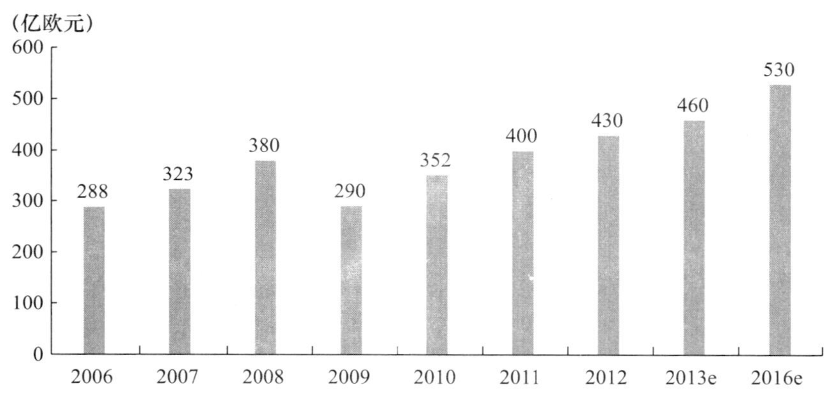

图 3-2　国际农机贸易量情况

2. 跨国企业发展迅速

美国约翰迪尔公司（JohnDeere）是全球最大的农机研发制造企业，2012年公司收入361亿美元；凯斯纽荷兰公司（CNH）、日本久保田公司（Kubota）、美国爱科公司（AGCO）、德国克拉斯公司（CLASS）、意大利塞万道依兹法尔公司（SAME）、瑞士布赫工业公司库恩公司（KUHN）的收入分别为204亿美元、129.2亿美元、99.6亿美元、44.6亿美元、14.3亿美元、13亿美元，这些企业合计占全球产值的78%（见图3-3）。

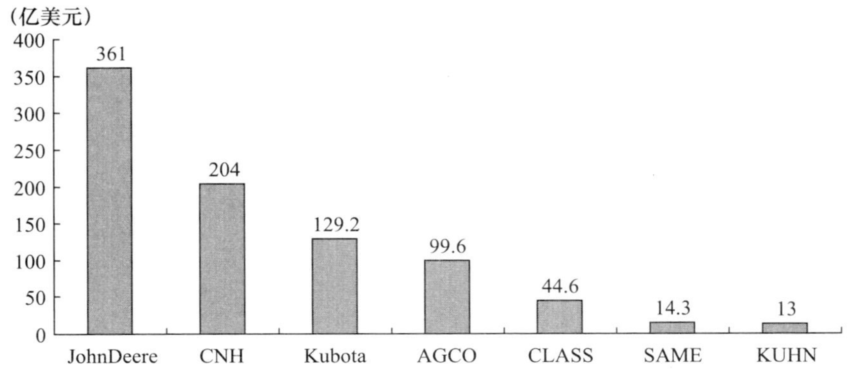

图 3-3　2012 年全球主要农机企业收入情况

3. 国际产业技术及资本竞争加剧

约翰迪尔、凯斯纽荷兰和爱科三大跨国农机企业集团通过不断兼并、联合、重组逐步发展壮大；德国克拉斯公司、意大利ARGO集团[①]以及塞万道依兹法尔公司等通过核心业务的联合重组也保持了核心竞争优势，成为世界领先企业；日本久保田公司、井关公司和洋马公司，韩国大同公司和国际公司等企业坚持立足本土优势，成为有竞争力的专业化、国际化企业。当前，国际产业竞争由技术主导向技术引导、资本主导转变，通过以领先的技术优势占据产业价值链的高端，通过资本实现产业整合，推动全产业链和跨国发展。产业国际竞争日益加剧，促进国际农机产业的集中度不断提高（见表3－1）。

表3－1　主要跨国农机企业产品

产品种类	美国 约翰迪尔	美国 凯斯纽荷兰	美国 爱科	德国 克拉斯	意大利 塞万道依兹法尔	日本 久保田
拖拉机	●	●	●	●	●	●
联合收割机	●	●	●	●	●	●
精准农业装备		●		●		
农业生产管理系统	●					
耕作机械	●		●			●
播种机	●		●			
植保机械	●	●	●			●
牧草机械	●	●	●	●		
青饲收获机	●	●	●	●		
插秧机						●
采棉机	●			●		
甘蔗收割机	●			●		
配套农具	●	●	●		●	
柴油机	●	●	●		●	●
工程机械及零配件	●	●	●	●		●
农用运输机械				●		
物料处理机	●					

（三）农业装备产业技术创新趋势

当前，生物技术、信息技术等现代农业技术发展以及农业生产组织方式变革促进了传统农业向现代农业的转变，未来农业将由资源依存型向科技依存型

① 意大利ARGO集团旗下有Landini和McCormick两大农业机械品牌，以拖拉机和联合收割机著称。

转变。农业装备技术发展面临农业发展方式变革以及全球粮食安全和气候变化的机遇和挑战，产业技术创新将进入智能化引领变革的发展阶段。农业装备产业技术创新的总体趋势是：围绕现代农业产业链，以智能化为引领，以自动化生产线技术为基础，推进农机装备大型化、多功能化、智能化，实现作业高效化、自动化、精准化，达到增产增效、生态友好。主要体现在以下方面：

1. 大型多功能

拖拉机、联合收割机等农业机械向大功率、大型化和高效化方向发展，以满足大规模农田的高效机械化收获作业要求。自走式动力平台实现多用途、多功能的复合，搭载中耕、施药、去雄、培土、施肥、收获等机具，实现一机多用，实现在标准化、通用化基础上的产品制造，以应对市场需求小批量、多品种、多功能趋势。

2. 复式联合高效作业

将深松、开沟、灭茬、施肥、播种、镇压等工序合并到一种机具上，一次作业完成复式作业，实现高效化生产。

3. 控制智能化、操作自动化和作业精准化

中央处理、总线技术、田间自动导航系统、机器视觉系统等技术广泛应用，实现农业作业精准化。

4. 节能及新能源农业装备逐步发展

节能、低排放或LNG、电动的拖拉机，保护土壤的保护性耕作机械，节水的排灌机械，节种的精量播种机械，节药、低残留的植保机械等成为发展重点。

二、国外农业装备产业技术创新支撑体系分析

（一）美国农业装备产业技术创新支撑体系

1. 三大农机企业是创新技术供给和产业化的主体

美国农业装备产业主要以约翰迪尔、爱科、凯斯纽荷兰为主，这三家位居全球前列的农机企业在产品创新、检测、制造等方面处于全球领先水平，产品基本覆盖农业全产业链和世界各地，在美国本土及全球高端农业装备中占有绝

对优势，基本代表了美国农业装备产业技术创新水平，是创新技术供给和产业化的主体。美国政府每年包括农机科研在内的农业科研经费仅20亿美元，而三大农机企业2012年研发支出就高达24亿美元。

约翰迪尔公司是世界最大的农机生产制造企业，成立于1837年，总部位于美国伊利诺伊州莫林，产品销往全球，业务形态覆盖研发、生产制造、金融租赁等，2012年全球雇员66859人；建立了以位于美国伊利诺伊州的莫林技术中心为核心，约翰迪尔欧洲技术中心、约翰迪尔印度技术中心、约翰迪尔信息系统、美国衣阿华州约翰迪尔沃特卢产品工程中心等组成的技术创新体系。2008~2012年，年均研发投入占收入比例达到3.86%，2012年研发投入比例达到4%，投入总额超过14亿美元，超过了我国农业装备领域20年来的投入总和（见图3-4）。

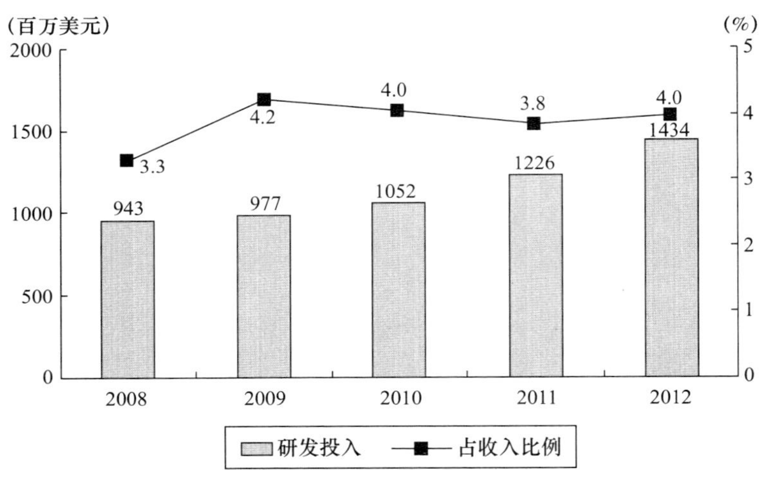

图3-4 2008~2012年约翰迪尔公司研发支出情况

爱科公司成立于1990年，总部位于美国佐治亚州亚特兰大，创立之初是一家投资公司，1993~1994年收购了英国麦赛福格森公司，1997年收购了德国芬特公司，2002年收购了美国卡特彼勒公司的农用橡胶履带拖拉机业务，2003年收购了芬兰维创公司。2012年全球雇员20320人，在全球建立了26个工厂，产品覆盖140多个国家和地区，构建了Challenger（挑战者）、Fendt（芬特）、GSI（谷瑞）、Masseyfeguson（麦赛福格森）、Valtra（维美德）等品牌组成的产品体系。2008~2012年，公司年均研发投入占收入比例达到2.8%，2012年研发投入占比超过3%，达到3.2亿美元（见图3-5）。

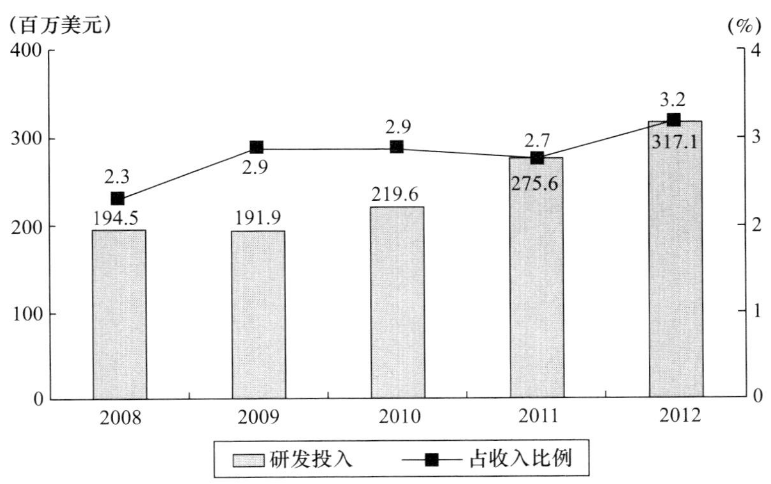

图3－5　2008～2012年爱科公司研发支出情况

凯斯纽荷兰公司由欧洲的纽荷兰公司与美国的凯斯公司于1999年11月合并而成，凯斯公司创立于1842年，纽荷兰公司创立于1895年。2012年，凯斯纽荷兰公司全球雇员33800人，产品行销全球160多个国家和地区，2013年被意大利菲亚特集团并购。

凯斯纽荷兰公司在12个国家建立了28个研究中心，其中美国7个，意大利3个，加拿大、奥地利、比利时、德国、波兰、英国、土耳其、印度、中国等各1个。2008～2012年，公司年均研发投入占收入比例达到2.8%，2012年研发投入比例达到3.2%，达到6.52亿美元（见图3－6）。

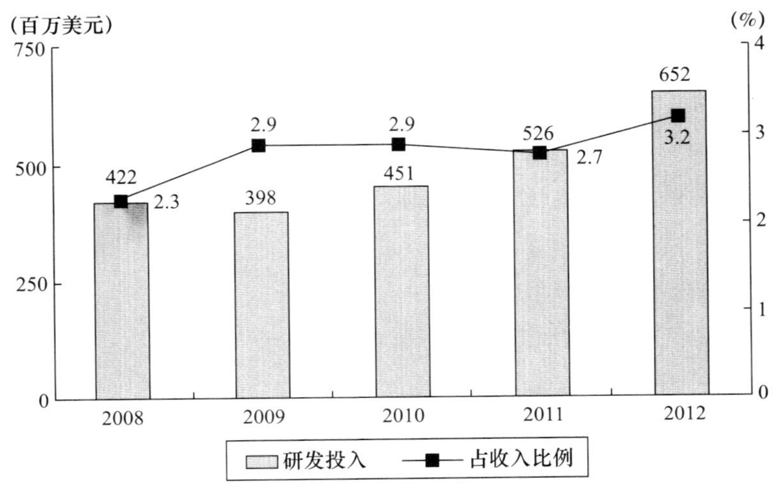

图3－6　2008～2012年凯斯纽荷兰公司研发支出情况

2. 高校是产业创新技术的重要源泉

美国约50所大学开设了农业工程专业，其中加州大学戴维斯分校、康奈尔大学、普渡大学、德州农工大学、伊利诺伊大学5所大学的农业机械工程专业在农业装备技术应用基础研究、原理性技术开发等方面发挥了重要作用。

美国农业装备企业也积极与高校、研究机构开展合作研发，如约翰迪尔、爱科等企业与西北研究院合作，瞄准新型排放标准下的农用动力机械技术开展联合研发，共同推出的自走式农用动力排放标准具有国际超前性。

另外，美国农业与生物工程学会（ASABE）是农业装备产业技术创新的智囊团队，其前身为美国农业工程学会（ASAE），成立于1907年，超过9000人的会员队伍分布在100多个国家。

3. 教育、科研、推广三位一体产业技术创新服务体系

美国是世界上农业最发达、农业机械化程度最高的国家，早在20世纪70年代农机就已全面应用于农业生产的各个环节。长期以来，美国形成了以大学为中心，农业科研、教育与推广机构紧密结合的三位一体的服务体系，有力地支撑了农业装备产业技术创新。

大学通过建立技术推广中心具体负责组织管理和实施基层技术推广工作，同时承担教学、科研与推广工作，是农业技术推广体系的核心。农业部农业研究服务局（ARS）及八大区域科研服务机构是农业理论性研究的主要机构，重点探索新知识或解决长期性、全国性重大战略问题，提供解决广泛的农业技术性问题和国家急需项目所需要的新知识、新技术，并为企业提供测试等服务。农业部推广局是推广工作管理机构，负责指导各州制订和执行推广计划，3000多个县推广站是州推广中心的派出机构，与州推广中心联合指导基层的农业推广工作，帮助实施推广计划。

4. 以信贷为主的农机化支持政策

美国农机化政策主要包括三个方面：一是通过建立“赠地”大学为核心的教学、研究与推广体系，促进农机技术推广应用，并早在20世纪初就出台专门法案，为农业推广工作提供资金。二是通过农业信贷支持农机购置，政府为农业信贷提供担保。据统计，美国农场每年投资的40%通过信贷，一般生产性贷款期限为1年，而购买农业机械的贷款期限可为5年。另外，三大农机企业均建立了融资租赁公司，为用户购买本企业农机产品提供信贷服务。三是制定农业与农业机械化投资的税收优惠政策，所得税方面主要包括税收减免、税收抵免、税收延付、税款亏损结算和亏损退回等，以及支持出口的关税、企

业对外直接投资实行税收优惠等政策，也有力地促进了美国农机出口。目前，美国农机产品的1/4用于出口。

（二）德国农业装备产业技术创新支撑体系

1. 科研院所和高校是产业创新技术供给的重要来源

德国与农业机械科研有关的研究所集中在布朗斯维克农业研究中心，有联邦德国农业研究院农业工程基础研究所、农业机械研究所、农业建筑研究所、结构研究所、农场技术研究所、管理技术研究所等。其中，农业工程研究所主要研究力学、材料、自动化技术、机械结构设计及控制等有关基础理论科学以及新技术的应用研究；农业机械研究所主要研究农业机械及其零部件性能。研究所下设农机动力、田间管理机械、牵引性能、播种机械等研究部门；农业建筑研究所主要研究农业建筑规划设计的基本原理，现有房舍的改建，新的农业建筑结构、通风、绝热和环境控制。

德国的一些大学中设有与农业机械化、农机有关的研究所，如布朗斯维克工业大学农业机械研究所主要开展谷物收割、农业物料运输、割草、压捆、拖拉机等研究；柏林工业大学农业工程与建筑机械研究所主要研究植保机械和化肥施撒机械、驾驶员—拖拉机—作业机具系统等。

在主要产品技术领域，企业与高校、研究机构开展各种形式的合作，高校、研究机构为企业提供基础研究和应用研究支持。

2. 企业是产业创新技术供给和产业化的主体

德国农机产品制造水平高，农机企业竞争力强，每年的出口量约占农业机械的50%，出口额居欧洲各国前列。德国有近200家农机企业，除克拉斯等少部分企业农机产品品类较全外，大多数企业是专精特型企业，建有专门的研发机构。克拉斯公司（Claas）以收获机械为主、格雷莫公司（Grimme）以马铃薯生产机械为主、雷肯公司（Lemken）以耕整地农机具为主、阿玛松公司（Amazone）以播种机具为主。

克拉斯公司是德国最大的农机企业，也是全球排名前5位的农机企业，创立于1914年，总部位于德国哈斯文克市。克拉斯公司在收获机械领域具有全球领先的研发能力，1936年克拉斯公司最先推出自主研发的联合收割机，1953年推出第一台自走式联合收割机，克拉斯收获机在欧洲市场占有率达到1/3，自走式青贮收获机占全球50%以上的市场份额；位于法国梅兹的克拉斯公司打捆机生产厂是欧洲最大的打捆机生产基地。2012年，公司全球雇员

9077人，在德国、美国、阿根廷、英国、法国、西班牙、意大利、罗马尼亚、匈牙利、乌克兰、波兰、俄罗斯、中国、印度、泰国15个国家设有13个生产厂、19个销售公司、3个财务公司，设立了8个研究中心，其中德国4个、法国3个、印度1个。2008～2012年，企业年均研发投入比例达到4.5%。2012年，研发投入占比达到5.3%，总额超过1.8亿欧元（见图3－7）。2013年，克拉斯公司收购了以生产收获机械为主的山东金亿机械制造有限公司。

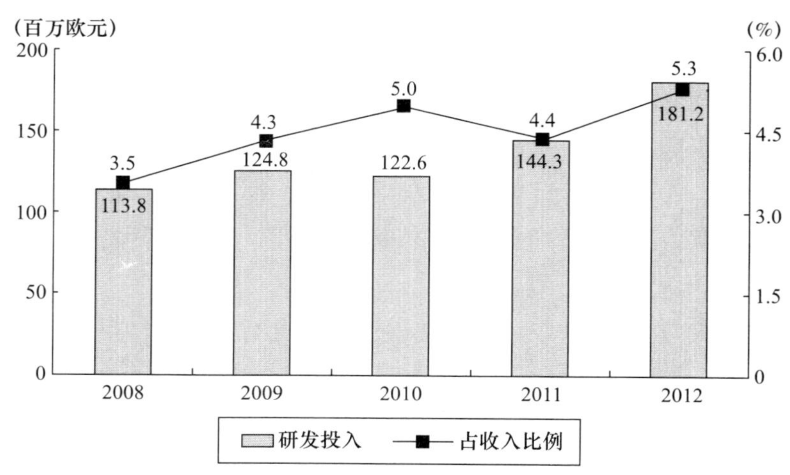

图3－7　2008～2012年克拉斯公司研发支出情况

3. 协会等行业、中介组织为产业技术创新提供服务支撑

全国性的农业协会（DLG）、农业机械协会（VDMA）以及德国农机试验鉴定站等为企业产品应用提供检测认证、信息咨询等服务。

德国农业协会创建于1885年，总部位于德国法兰克福，是致力于促进农业和食品领域科技进步和发展的非政府组织，是欧洲领先的食品和农业发展组织之一，架起了农业和食品领域中理论和实践交流的桥梁和纽带，为会员提供农业和食品技术推广、农机质量认证、食品安全检测、农机及畜牧展览等各项服务。

德国农业机械协会是德国最大的工业协会、欧洲机械生产的最大网络，拥有3000名成员，为会员提供市场统计分析、出口支持、展览政策、规范和标准、调查研究、教育、职业培训等服务。德国农机协会150多家企业成员国内市场份额超过90%，出口份额超过70%。

德国还建有13所农机校，负责农机使用培训，以促进农机技术和产品推广应用。

4. 德国促进农机应用的相关政策

德国从科研、应用、培训等方面出台了一系列的政策措施，促进农机产业技术创新及产业发展。一是实施价格补贴、贷款等经济措施，对农用柴油实行23% ~50%的政府价格补贴，对农民购置农机具等农业生产资料给予低息贷款。二是高度重视农机产品质量，出台了《农机法》，规定农机制造厂商必须保证本厂农机产品有充足的零部件供应，并规定产品停产后10年内还要保证零配件供应，整机和零部件产值比例大体上为100∶22。三是支持新产品开发及示范推广，每年安排专项资金支持新产品开发。在示范推广阶段，联邦政府出资比重占60%、各州占40%，推动新产品尽快转化；在农民购买和使用时，政府专门拿出一定比例的资金进行补贴和技术培训，促使农民使用新机具。

（三）日本农业装备产业技术创新支撑体系

1. 科研机构和大学是产业创新技术供给的重要来源

科研机构主要有国家农业机械研究所、农业综合研究院下属机械研究所、农村工程研究所等，负责基础技术研究、新产品检测鉴定以及与农机企业联合开发新产品等。日本农业机械研究所成立于1962年，地址在琦玉县大宫市，是一个半官办的合作组织，其经费由政府和私营企业共同提供，主要从事农业机械研究、改进和试验工作，是以促进农业机械化为目的的权威性机构。

日本设置农业工程相关学科的大学及短期大学有39所，占日本726所大学中的5.37%。日本工程师教育认证委员会（JABEE）认定的JABEE专业（农业工程关联领域）共有17所大学。

2. 企业是创新技术供给和产业化的主体

日本农机生产企业近千家，但小企业居多，井关、洋马、久保田、三菱是日本四大农机生产企业，井关是专业制造农机的，其余三家为综合株式会社。还有石川岛芝浦机械株式会社、丸山制作所等中小型企业、均属于家族式专业性强、产品单一的公司。

井关、洋马、久保田、三菱四大农机生产企业的技术供给主要来源于企业自己的研发机构及企业与科研机构或高校的合作研发。中小企业的技术主要来源于科研机构或高校。

日本久保田公司建立于1898年。2012年，其在全球雇员达29185人，其中农机方面的科研人员达1500多人，在日本本土建立了3个生产厂，在美国、挪威、中国、泰国、越南建立了7个生产厂（美国、泰国各2个）。公司以日本研究总部为核心开展研究开发，设有研发管理部、农业和工程机械研究部。久保田美国制造公司也有相应的研究职能。2008~2012年，公司年均研发投入占比达到2.54%，其中2012年达到2.8%，投入总额超过279亿日元，约合2.7亿美元（见图3-8）。

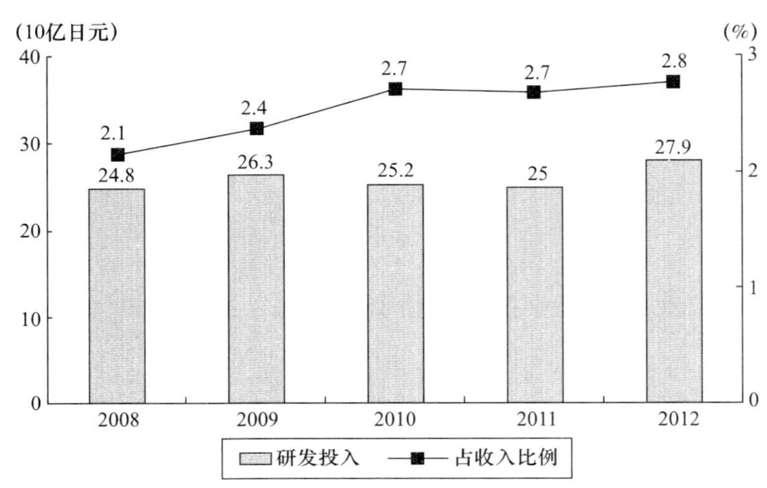

图3-8 2008~2012年久保田公司研发支出情况

久保田公司于2012年收购挪威格兰公司（KvernelandASA），格兰公司2011年总销售额约为5亿欧元，在9个国家设有11个工厂，研制生产各种类型的整地机械、耕耘机、播种机、牧草收割翻晒设备、中耕机和喷药机等，销往全球60多个国家和地区。2010年，格兰公司在我国黑龙江省大庆市设立格兰农业机械（大庆）有限公司，投资总额为1200万欧元。

3. 行业协会、研究机构等提供产业技术创新服务

日本农业工程学会、农业农村工程学会、农业机械学会、农作业学会、农业设施学会、农业电气化协会等向农业装备企业提供咨询、认证、学术交流等服务。

农业装备企业的新产品检测鉴定服务主要由日本国立科研机构提供。国家农业机械研究所主要提供试验服务，国家农业机械试验站主要提供农业机械运用服务。

4. 日本的农机化促进政策

日本制定了一系列旨在促进农机化发展的政策法规。一是农业机械化立

法，日本政府于1953年就制定了《农业机械化促进法》，促进和保障农机研究、制造、试验、培训、推广、销售、使用、安全管理等各方面工作。二是财政信贷与购机补贴扶持，政府设立农业补助金制度，对购置大型高效农业机械和设备、作为农民操作培训和教学使用的农业机械、农机展览场所和农机培训机构、农业机械合作组织、农业机械修理厂建设及活动，均给予50%补贴；设立农业机械化基金、农业改革基金为农机购置提供长期低息、无息贷款；针对农户小而全的农业经营模式，在全国建立了1000多个农业机械银行组织，实现农民统一购买、集中协调使用农机。三是引导农业经营集约化，制定《农业经营基础强化促进法》，通过政府利息补助、低息贷款等形成促进改善农业经营，推进农民对土地的集中利用，农户一般拥有土地50亩以上，就是一个小型农业企业，从而为农机应用和推广创造了条件。

三、我国农业装备产业技术创新支撑体系现状和问题

（一）我国农业装备产业发展现状

我国农业装备产业经过多年发展，逐步建立起了较完备的产业体系，持续保持高速发展，主要总量指标已经位于世界前列，中低端产品国际竞争力逐步提高，成为世界农机制造和使用大国，为国家粮食安全和现代农业发展做出了积极贡献。但我国农业装备以中低端产品为主、产业集中度低、产业链不完善等制约了产业健康持续发展，产业发展面临自主创新能力不足、产业转型升级驱动力弱和国际市场竞争日趋激烈等挑战。

1. 产业规模不断增长

我国农业装备产业的企业总数在8000家左右，总产值5000亿元左右。2006~2010年，规模以上企业（产值超过500万元）总数逐年增加，到2010年达到近2700家，企业产值年均增长22%，到2010年达到2838亿元。根据新的统计标准，2011年规模以上企业（产值超过2000万元）为1912家。2012年统计的1908家规模以上企业，总资产近1500亿元，从业人数达到了35.1万人，工业总产值3382亿元，比2011年增长16.7%，利润213亿元，

比2011年增长11.5%。预计到2020年规模以上企业产值将达到5000亿元，到2030年达到7000亿元（见图3－9至图3－12）。

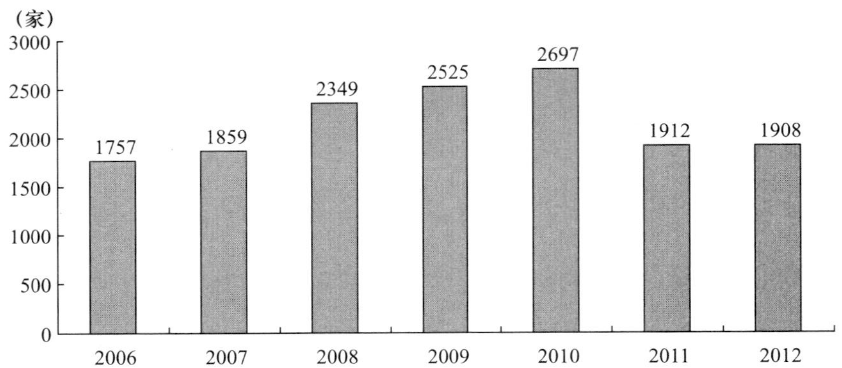

图3－9　2006～2012年我国农业装备产业规模以上企业数量

注：2011年后采用新统计标准。

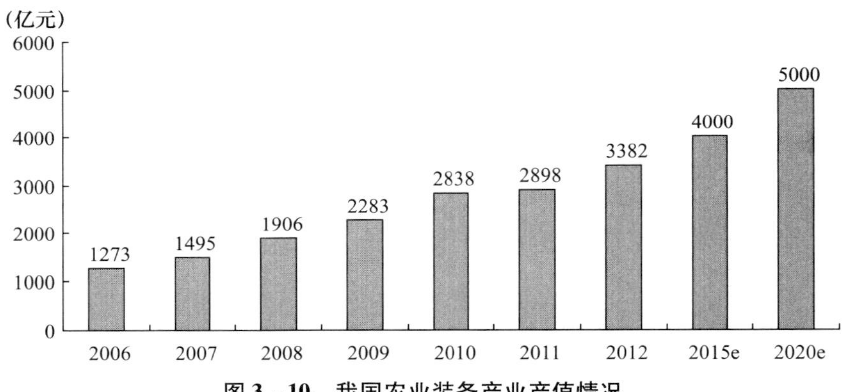

图3－10　我国农业装备产业产值情况

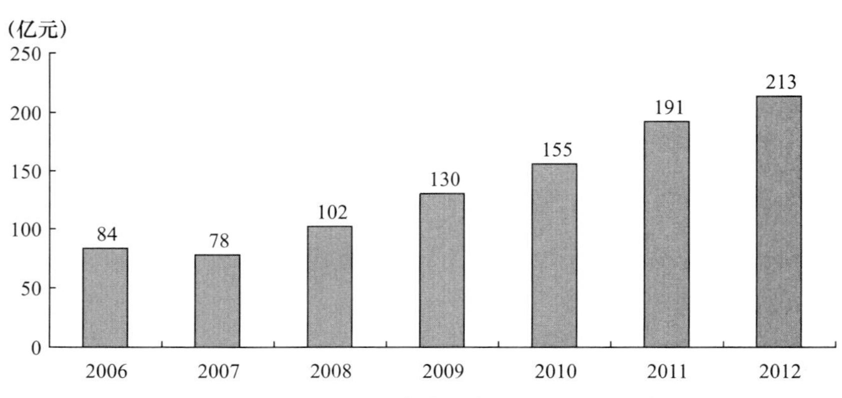

图3－11　2006～2012年我国农机行业总利润情况

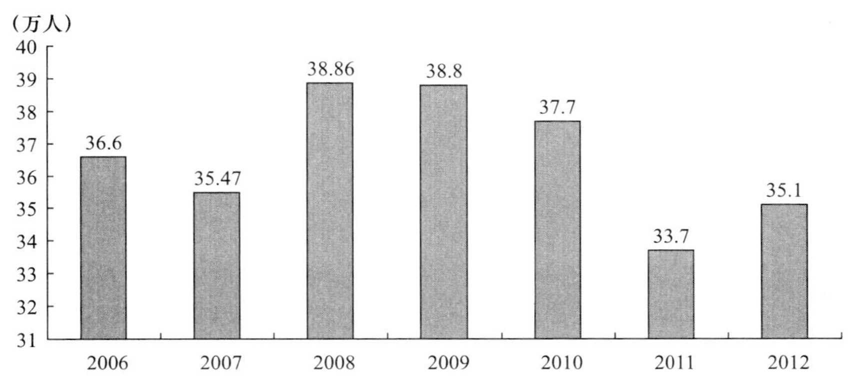

图 3－12　2006～2012 年我国农机行业从业人员情况

2. 产业集中度低

2012 年，规模以上企业中，民营企业 1694 家，占总数的 88.78%，销售收入、资产比重分别是 81.51%、77.85%，是产业的主力军；国有及国有控股企业 65 家，占总数的 3.41%，销售收入、资产比重分别是 7.15%、7.58%；三资企业 149 家，占总数的 7.81%，销售收入、资产比重分别是 11.34%、14.57%（见图 3－13）。

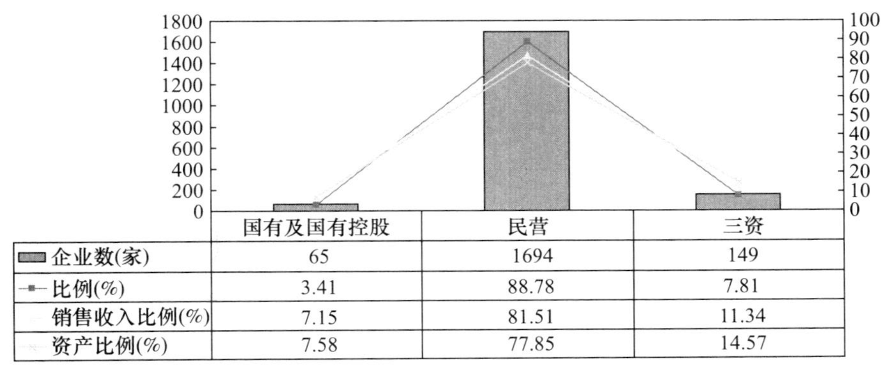

	国有及国有控股	民营	三资
企业数(家)	65	1694	149
比例(%)	3.41	88.78	7.81
销售收入比例(%)	7.15	81.51	11.34
资产比例(%)	7.58	77.85	14.57

图 3－13　2012 年规模以上企业按性质分布情况

在主要农机企业方面，山东时风集团始终处于领先位置，2012 年销售收入达到 280 亿元；福田雷沃、中国一拖、山东五征分列第 2 至第 4 位，销售收入分别为 186.3 亿元、148.82 亿元、140 亿元。这 4 家企业的集中度为 22%，前 8 家企业集中度为 29%，前 10 家企业集中度约为 32%（见图 3－14）。

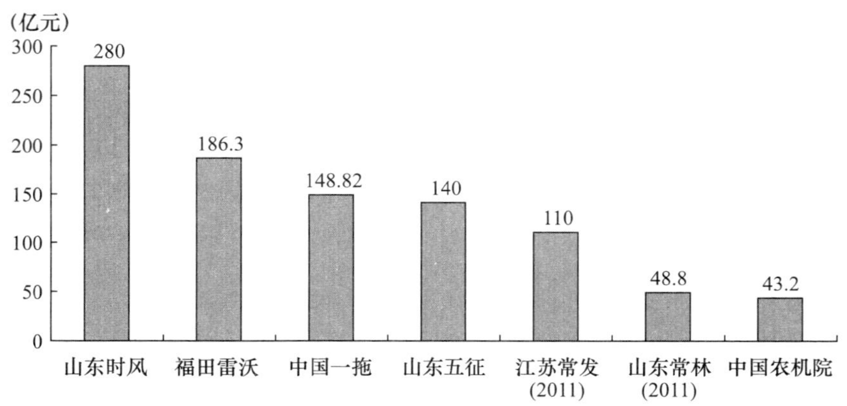

图3-14　2012年我国主要农机企业收入情况

在国内农机企业上市方面，一拖股份、悦达投资、全柴动力、上柴股份、林海股份、利欧股份、江淮动力、苏常柴（A、B）、新界泵业、新研股份、吉峰农机等企业是沪深主板、中小企业板、创业板上市企业（见表3-2）。

表3-2　国内上市农机企业情况

证券名称	证券代码	总股本（亿股）	流通股（亿股）	每股净资产（元）*	营业收入（万元）*	净利润（万元）*	上市年度	主营业务
一拖股份	601038	9.96	1.50	4.4487	1131800.0	34905.83	2012	农机制造
第一拖拉机（HK）	00038	9.96	4.02	4.4487	1131800.0	34905.83	1997	农机制造
悦达投资	600805	8.51	8.49	5.6899	232039.3	111190.92	1994	农机制造
全柴动力	600218	2.83	2.83	3.6435	271205.6	1871.35	1998	农机动力
上柴股份	600841	8.67	4.92	3.6519	302996.3	20370.97	1994	农机动力
林海股份	600099	2.19	2.19	2.1781	21959.6	49.24	1997	林业机械
利欧股份	002131	3.76	1.83	3.3254	162032.3	4786.33	2007	水利机械
江淮动力	000816	10.90	10.90	1.4977	288596.2	9869.95	1997	农机动力
苏常柴A	000570	5.61	4.11	3.2869	295553.6	5543.40	1994	农机动力
苏常柴B	200570	5.61	1.50	3.2869	295553.6	5543.40	1996	农机动力
新界泵业	002532	1.60	1.13	5.6285	94245.1	8631.55	2010	水利机械
新研股份	300159	1.80	1.41	5.2916	41052.5	8006.03	2011	农机制造
吉峰农机	300022	3.57	3.16	1.7241	579068.3	1284.62	2009	农机流通

注：*表示每股净资产、营业收入、净利润为2012年12月31日数据。

约翰迪尔、凯斯纽荷兰、爱科、久保田、马恒达、克拉斯、雷肯等国外主要 17 家拖拉机、收获机械、农机具企业在国内设立了 40 家工厂或代表机构，其中美国、德国、日本、韩国企业各 3 家，意大利企业 2 家、印度、法国、挪威各 1 家。国外企业在中国的农机业务主要涉及拖拉机、收获机械、插秧机、农机具等产品领域，在高端装备、高性能装备方面占据国内农机市场。

3. 国内产品以中低端为主

2012 年，我国主要农机产品产量达到 464.06 万台，大中型拖拉机与小型拖拉机比例从 2010 年的 1∶6.69 提高到 2012 年的 1∶3.74；自走联合收割机与收获机械比例从 2010 年的 1∶5.07 提高到 2012 年的1∶2.69。农机产品结构呈不断优化上升趋势。

但总体而言，我国农机产品的中低端产能过剩，小型拖拉机产能是市场需求的 2.5 倍，市场上中低端产品占 90%，10% 的高端产品中国产不足 2%，并且动力换挡变速箱等关键零部件、液压控制系统元件几乎全靠进口，8% 高端产品整机依赖进口（见图 3－15）。

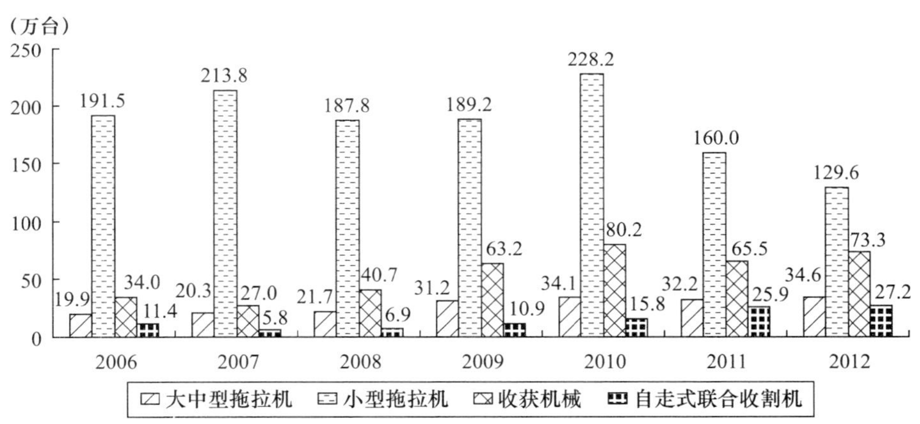

图 3－15　2006～2012 年我国主要农机产品产量

4. 产业链逐步完善但呈不均衡发展态势

我国农业装备的产业链已初步形成，但呈现出不均衡的发展态势。上游专用材料、元器件产业较弱，还未形成明显的优势企业。中游零部件产业发展迅速，2011 年，主要零部件企业 279 家，以小微企业为主，产值 412.4 亿元，占当年农机工业总产值的 14.2%，形成了一拖柴油机公司、一拖开创装备公司、洛阳福莱格车身公司、山东泰山轮胎公司、石家庄中兴机械公司、马鞍山锐生工贸公司、杭州中策橡胶带公司、中航力源液压公司、山东弘宇机械公司等国内骨干零部件企业，以及德国 ZF 公司、美国天宝公司等，但零部件企业集中度低、技术创新能力弱、精益制造技术落后等是中游产业发展面临的主要问题，高性能、精密零部件、专业控制系统仍主要依赖进口。下游主机产业是产业链主导，农机工业前 50 强企业均是主机生产企业，其中前 6 位企业山东时风、中国一拖、福田雷沃、江苏常发、山东五征、山东常林是生产拖拉机的国内主要企业；收获机械主要国内企业有福田雷沃、奇瑞重工、江苏沃得、洛阳中收、山东金亿、山东巨明、中机南方、山东大丰等。农机具国内企业主要有现代农装、河南豪丰等。

农机销售和服务等产业配套体系进一步健全，除主要制造企业建立的销售服务体系外，专门物流、销售、服务体系也在不断地发展完善，全国还有较大的农机专业市场近 20 个，中小型农机专业市场近百个。此外，2011 年全国农机作业服务组织 17 万个，其中农机合作社达到 2.7 万个，有效地保障了农机流通、服务和应用推广（见图 3 - 16）。

5. 产业国际化步伐加快，中低端产品国际竞争力逐步提高

近年来，在部分骨干企业的带领下，我国农业装备产业“走出去”步伐加快，中低端产品国际市场竞争力明显提高，2012 年出口额达到 90 多亿美元（见图 3 - 17）。

出口产品主要是农用动力机械及零部件、排灌机械及零件，而收获机械、农机具等比例相对较低（见图 3 - 18）。

总体上，我国农机产品出口逐步从以小型产品为主向大、中、小型产品相结合转变，大中型产品所占份额逐步提高。以联合收获机械为例，联合收割机是农业机械制造水平的代表产品之一，2012 年我国联合收割机出口额达到 1.69 亿美元，是 2003 年 180 万美元的近百倍，其中对欧盟联合收割机出口从 1 万 ~3 万美元增长到 40 万美元，由于欧盟等国历来对产品质量、认证等要求较高，对欧盟出口的增长也进一步表明我国农业机械整体产业水平的提升。

在出口区域方面，亚洲、北美和欧洲是主要出口市场，约占出口总额的 80%。对亚洲国家或地区出口约占 50%，其中向日本出口约占 40%，东盟等其他国家约占 10%；北美和欧洲的出口约占 30%，其中对美国出口约占 10%；非洲、拉丁美洲和大洋洲约占 20%。

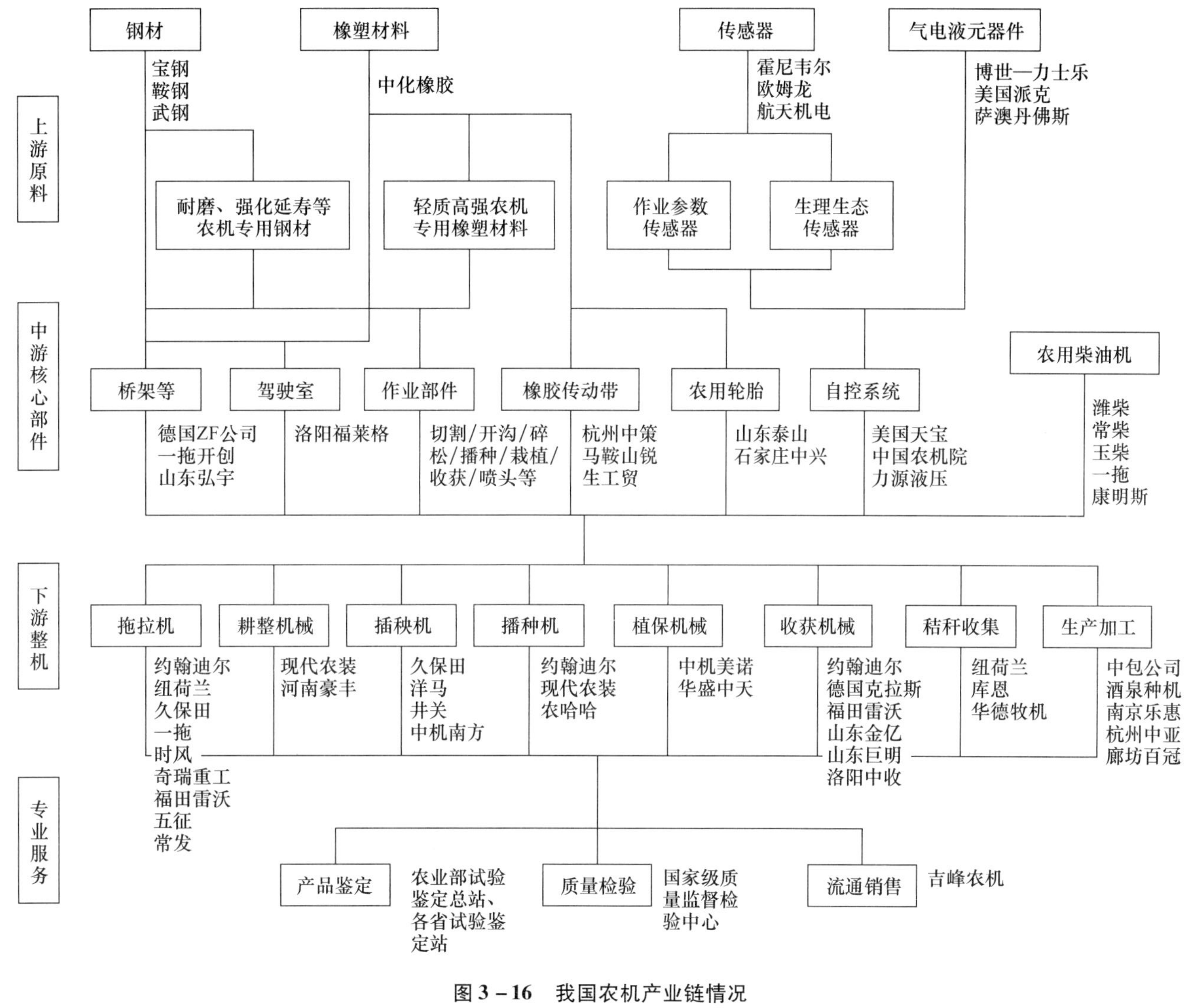

图 3-16　我国农机产业链情况

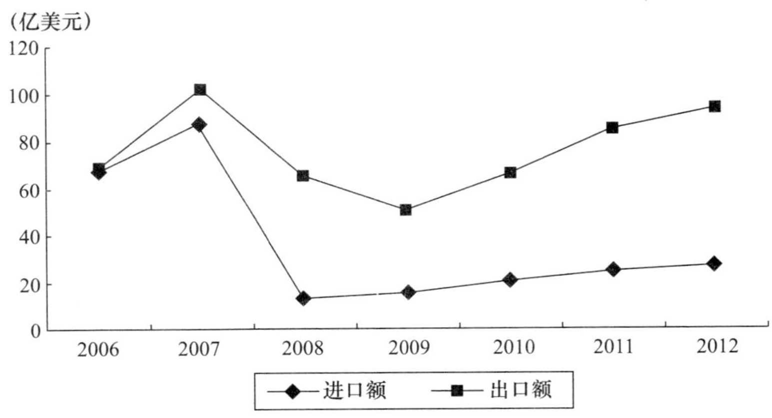

图 3－17　2006～2012 年我国主要农机产品进出口情况

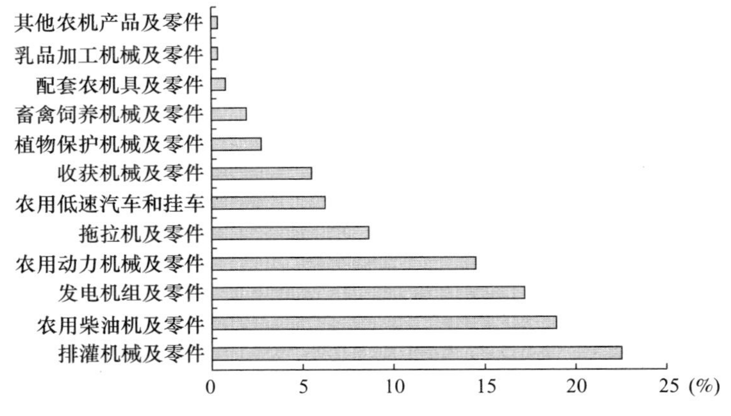

图 3－18　我国主要农机产品出口结构

在进口产品方面，2012 年，进口额近 30 亿美元，涉及 60 多个国家和地区，主要来自欧盟、美国、日本和韩国等，约占进口额的 90%，总体上，保持连年稳定增长，进口主要是大型拖拉机及其配套农具、棉花等特种作物大型收获机械等高端装备（见图 3－19）。

（二）我国农业装备产业技术创新支撑体系现状

我国已经初步形成了适应现阶段农业装备产业和农业农村发展要求的产业技术创新支撑体系，为未来推进农业装备产业向高端化发展奠定了一定基础。

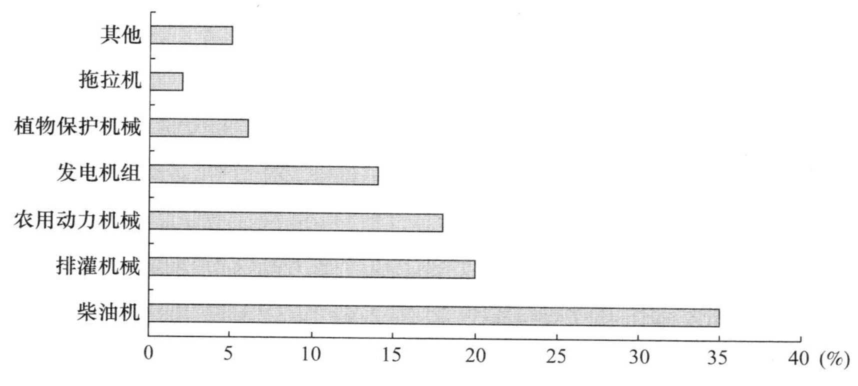

图 3－19　2012 年我国进口主要农机产品结构

1. 产业创新技术供给主要来源于科研院所和高校

（1）农机科研院所是农业装备产业技术主要供给源。长期以来，我国形成了国家级、省（区、市）级农机科研院所体系，在基础性和共性技术研究、新产品技术开发、区域农业装备技术研发等方面发挥了重要作用。全国有省级以上各类农机科研院所 36 所，国家级和省级院所转制为企业的 8 家，全额拨款事业单位 19 家，差额拨款 4 家，自收自支事业单位 5 家，科研人员总数超过 6000 人。

中国农业机械化科学研究院（以下简称中国农机院）成立于 1956 年，1999 年转制为中央直属企业，长期以来承担了农业装备研发行业组织作用。近年来，逐步完善形成了总部国家级平台、企业级技术中心两级体系，总部平台组织战略性、前瞻性、基础性技术和重大装备研发，企业级技术中心由 2 个研究所（中心）、5 个企业技术中心组成，全院研发人员近 3000 人，行业 80% 以上技术来源于该院及该院与其他单位合作研发。各省（区、市）农机研究单位科技体制改革后分别归属省科技厅、农业厅、农委、农业机械管理局、机电工业管理办公室等政府部门或行业管理机构或归并到其他企业，农业装备技术研究逐步面向所在区域，突出专业性和地方经济发展需要。

（2）高校通过基础研究和人才培养支撑产业技术创新。2012 年，全国 2 所高校招收农业工程（082800）博硕士研究生，42 所高校以及中国农业科学院、中国农机院招收农业机械化工程（082301）博硕士研究生，18 所高校具有农业工程学科博士授予权。7 所普通本科高校招收农业工程（082301）专业本科生，其中教育部直属高校 1 所、“211” 高校 1 所、“985” 高校 1 所；46

所普通本科高校招收农业机械化及其自动化（082302）专业本科生，其中教育部直属高校5所、“211”高校14所、“985”高校2所。每年培养本科生4000余人、硕士生400余人、博士生100余人。中国农大农业工程一级学科是国家重点学科，吉林大学、浙江大学、东北农业大学二级学科农业机械化工程是国家重点学科，华南农业大学二级学科农业机械化工程是国家重点（培育）学科。在技术研究方面，国内高校主要开展农机数字化设计、工艺材料、原理机理、农业机械化模式等研究，少部分高校开展面向产品的技术开发，目前在用的产业技术来源于高校的很少。另外，我国高校与美国伊利诺伊大学、美国德州农工大学、美国俄克拉荷马州立大学、英国哈伯亚当斯大学工程系、荷兰瓦赫宁根大学等国外高校及科研机构开展人才培养、学术交流合作。

（3）多元化的农机行业科技创新平台是产业技术供给主要载体。为推进产学研协同创新，提升产业技术创新能力，科技部、农业部、发改委等部门依托科研院所、高校、骨干企业建立了国家级、省部级的创新平台，促进了行业科技资源的整合，促进了产学研结合，在产业技术创新中发挥了重要的载体作用。

依托中国农机院建有土壤植物机器系统技术国家重点实验室，重点开展土壤—植物—机器系统应用基础、土壤和植物信息获取及病虫草防控技术与装备、农业雾化工程技术与装备、农业装备智能化技术等应用基础研究。依托中国农机院建有农业生产机械装备国家工程实验室，重点开展植株与秸秆物力机械物理机械特性试验检测、农作物种子数控干燥、精密播种和栽插、多功能联合收割过程检测与控制等关键技术和重大装备试验验证研究。分别依托中国农机院、中国农机院呼和浩特分院、北京农业智能装备研究中心建立国家农业机械工程技术研究中心、国家草原畜牧业装备工程技术研究中心、国家农业智能装备工程技术研究中心，重点开展农业机械、草原畜牧业装备、农业智能装备等工程化、商品化、产业化研究和应用推广。

农业部重点依托高等学校、部属研究院所及部分企业，以现代农业装备学科群形式在农业装备技术领域建立了1个综合性重点实验室、8个专业性/区域性重点实验室、5个农业科学观测实验站。

教育部依托所属高校在农业装备技术领域建立了3个重点实验室、1个工程技术研究中心。

中国机械工业联合会在中国农机院、山东时风、中国一拖建立了拖拉机、收获机械、植保机械等行业性工程技术研究中心或实验室。

江苏、山东等地方依托当地高校、科研院所建立区域性的农业装备领域重点实验室或工程中心。

（4）农业装备产业技术创新战略联盟在产业技术创新中已经发挥了重要作用。2007 年，科技部等部门共同推动组建了农业装备产业技术创新战略联盟，成员单位包括 14 家骨干企业、17 家知名大学、11 家优势科研院所，凝聚了行业高新技术研发、先进制造能力、高素质人才培养和产业化生产能力，实现了行业内具有研发优势的 200 多家产学研单位的大联合，会聚了 3000 多位科研人员，在推动产业共性和关键技术突破与重大产品创制、搭建协同创新平台、促进技术共享辐射、培育重大产品创制的产业集群主体等方面取得了明显成效。

联盟自组建以来，在大马力拖拉机及作业机具、高效智能收获、农机设计制造和生产线技术、设施园艺装备、农产品产地商品化加工装备等领域，组织开展了多功能农业装备与设施、秸秆收集固化成型关键技术及装备、大型农用动力与作业装备、现代农机智能装备与技术、现代多功能农机装备制造关键技术、智能化农机技术与装备、现代节能高效设施园艺装备等重大产业技术创新项目，总投资超过 10 亿元，取得了一批具有自主知识产权的重大标志性成果。通过重大技术创新项目引导，构建了以企业为主体、产学研结合、“一个基地、两种模式”协同创新的产业技术创新体系，围绕产业技术创新链，以国家级创新载体为核心、转制院所牵头、骨干企业为主体、产学研结合，形成了共性关键及重大产品技术协同创新的农业装备创新基地；形成了大学理论和模式创新、研究院所应用技术研究、企业产品集成开发的纵向一体化协同创新模式，支撑了农业装备应用创新；形成了大学智能信息化技术研究、研究院所系统集成创新、骨干企业整机集成与制造的横向一体化协同创新模式，支撑了重大农机装备创制。以联盟为核心的产业技术创新机制已经初步发挥了引领支撑产业发展，具备了良好的发展基础。

在国家农业装备联盟的带动和支持下，黑龙江、山东、天津、安徽、江苏等地组建了一批地方农业装备联盟，推进青岛农业大学、江苏大学、东北农业大学、湖南农业大学建设协同创新中心，成为提升区域农机科研创新能力的平台。

2. 企业是创新技术产业化主体

我国农业装备产业已初步形成了骨干企业引领、中小企业配套与区域支撑，包括零部件厂商、整机厂商、专业设计厂商等组成的产业体系。在主要农机企业中，山东时风（集团）有限责任公司、中国一拖集团有限公司、福田雷沃国际重工股份有限公司、山东五征集团有限公司、江苏常发农装5家企业建立了国家级企业技术中心。中国农机院、山东时风、中国一拖、福田雷沃、山东常林5家企业设有博士后科研工作站，20多家企业建立企业技术中心，200多家企业有技术研发部门或专门研发人员，为企业产品开发提供技术支撑。

山东时风集团是国家创新型企业，设有博士后科研工作站，其中央研究院是集团技术研发核心，下设13个研究所，专业技术人员2500余人，是三轮汽车、低速货车行业最大的CAD示范基地，是国家级企业技术中心。

中国一拖集团有限公司技术中心由原机械工业部洛阳拖拉机研究所和中国一拖拖拉机汽车研究所合并组建，是首批国家级企业技术中心之一，是公司技术研发核心，下设产品研发、试制、试验、科研管理等部门，拥有各类试验室（场）15个，各类仪器设备800多台（套），现有技术人员530余人。

福田雷沃国际重工公司设有福田雷沃重工工程技术研究院，是国家认定企业技术中心，设有博士后科研工作站，下属公司技术发展部、欧洲研发中心（农业装备技术研究院）、日本研发中心（工程机械技术研究院）、山东研发中心、天津研发中心，构建了欧洲、日本、天津和山东四位一体的全球化研发体系，共有各类设计开发人员近1400人，具备了较强的研究开发能力，山东研发中心设有农业装备技术研究院。

山东五征集团技术中心是公司技术研发核心，是国家认定企业技术中心，下设4个研究所、技术装备部、试制车间、试验检测中心、山大—五征机械研究院等部门，现有技术人员658人。

3. 建立了相对完善的技术创新服务体系

我国在农业装备领域建有较完善的质量检测、标准、鉴定、推广体系，国家质量监督检验总局在全国设立了12个国家级农机产品质量检验检测中心。农业部设有农机试验鉴定、农机化技术推广开发总站，各省（区、市）也设有农机试验鉴定、推广机构。全国农业机械标准化技术委员会设有植保和清洗机械、农业机械化、畜牧机械、排灌设备和系统、耕种和施肥机械5个分技术委员会和甘蔗机械、农产品干燥、潜水泵3个工作组。农业装备推广服务主要由农业系统的农机推广、农机合作社等提供；农业装备产业技术创新服务平台、农业机械生产力促进中心、中国农机院国家中小企业公共服务示范平台面向企业开展信息、培训等服务，促进农机推广应用。另外，协会、学会等行业组织为产业技术创新提供学术交流、咨询等服务。中国农业机械学会有15个分会、4个工作委员会。中国农业工程学会有19个分会、5个工作委员会。中国农业机械工业协会、中国农业机械化协会、中国农业机械流通协会等积极参与行业发展规划、信息交流、市场规范和产业政策制定等工作。

4. 实施了一系列促进农业装备产业技术创新的政策措施

农业装备产业是农业、制造业、服务业融合的产业。近年来，国家高度重视农业和农村发展，从支持技术创新、农机购置补贴、农机工业改造等方面实施了一系列的政策措施，有力地促进了农业装备产业技术进步，推动了产业持续发展。

（1）实施鼓励产业技术创新政策。2004年，我国颁布实施了《农业机械化促进法》，支持科研机构和院校加强农业机械化科学技术研究，对农业机械的科研开发和制造实施资金支持、税收优惠政策。2011年工信部实施了《农机工业发展政策》，鼓励研发适合国情、先进适用、与农艺相结合的农业机械，支持引进、消化吸收新型高效农业机械设计制造技术，增强产品开发和制造能力。

（2）实施农机购置补贴政策。《农业机械化促进法》鼓励、扶持农民和农业生产经营组织使用先进适用的农业机械，中央财政给予30%的补贴，地方政府根据地方财政状况一般也给予20%～40%的相应补贴。自2004年以来，中央财政共投入744.4亿元用于支持农业生产者购买农机，补贴产品范围包括耕整地机械、种植施肥机械、田间管理机械、收获机械、收获后处理机械、农产品初加工机械、排灌机械、畜牧水产养殖机械、动力机械、农田基本建设机械、设施农业设备和其他机械12大类48个小类175个品目机具;另外，各地可在12大类内自行增加不超过30个其他品目的机具列入中央资金补贴范围。根据测算，购机补贴财政投入对产业拉动作用达到1∶6左右，作用显著（见图3－20）。

（3）支持农机工业改造。自2007年以来，国家陆续安排专项资金支持农机工业技术改造，涉及大马力拖拉机、联合收割机、大型农机具等多个行业，共计投入超过6亿元，带动企业投入近100亿元，提升了企业产品改进和生产制造水平。

（4）国家科技计划支持农业装备产业技术创新。《国家中长期科技发展规划纲要（2006～2020）》把多功能农业装备与设施作为优先主题，“973”计划、

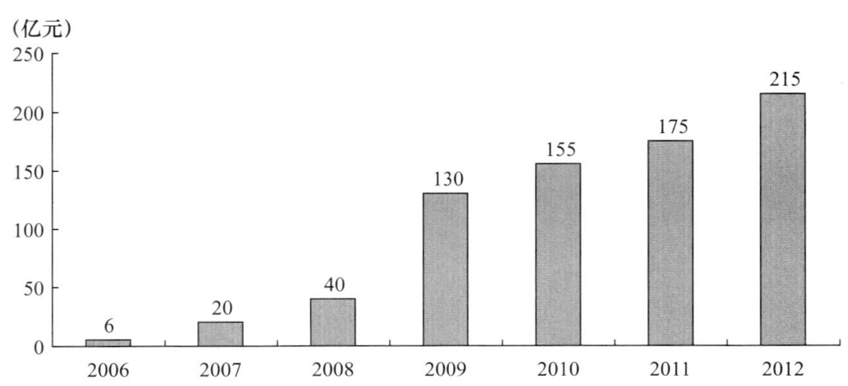

图 3-20　2006~2012 年我国中央财政投入农业装备购置补贴情况

"863"计划、科技支撑计划等国家科技计划，加大对农业装备产业技术创新的支持。从 2010 年开始，"973"计划依托土壤植物机器系统技术国家重点实验室支持开展了土壤植物机器系统应用基础技术研究、旱作高速移栽系统应用基础技术研究，围绕土壤植物机器系统技术、农业机械新原理、动植物信息与机械技术等方面突破技术原理和机理，推进了农业装备应用基础与共性关键技术研究。2006 年以来，"863"计划实施了精准农业技术与装备、新型施药技术与农用药械、秸秆收集固化成型关键技术及装备、现代农机智能装备与技术研究、智能化农机技术与装备等重大重点项目，开展典型作业环节重大农机装备先进制造技术、智能化、自动化技术等研究。2006 年以来，国家科技支撑计划从农机化技术、农机装备、先进装备生产线制造技术三个层面，支持了现代化农业与机械化耕作技术研究与示范、多功能农业装备与设施研制、现代草原畜牧业装备与设施研制、大型农业动力与作业装备研制、现代多功能农机装备制造关键技术研究、农业与食品行业制造、自动化生产线关键技术与示范、大田作物机械化生产关键技术研究与示范等重大重点项目，开展了适合我国农业特点的多功能作业关键装备、经济型农林动力机械、定位变量作业智能机械、健康养殖设施技术与装备、保护性耕作机械和技术、温室设施及配套技术装备以及农机农艺融合机械化技术、典型装备生产制造技术等研究与示范。从 2009 年开始，公益性行业（农业）科研专项围绕丘陵山地小型农机具技术、植保机械等关键环节以及玉米杂交制种、作物品种小区精确种植与收获等典型机具，优化改进以及玉米、水稻、大豆、棉花、甘蔗、苜蓿饲草料、大宗果树、山地橘园、根茎类等高产高效机械化生产技术，实施了 20 个项目，适应我国农业生产特点和区域性农业生产要求，促进农机农艺融合，推进技术成果的转化应用。

（5）支持农业装备产学研合作创新。2007 年，科技部等部门推动建立农业装备产业技术创新战略联盟，并先后支持联盟组织实施了大型农业动力与作业装备研制、现代多功能农机装备制造关键技术研究等国家科技支撑计划项目，鼓励和引导产学研结合，推进项目、人才、基地统筹。

（三）我国农业装备产业技术创新支撑体系的主要问题

1. 产业技术供给能力薄弱

（1）科研院所产业技术供给有弱化趋势。由于产业特殊性，科研院所在现阶段仍旧是我国农业装备产业技术的主要供给来源，但由于科研院所企业化转制和自身能力较弱等，整体上存在力量分散、精力不足，且各科研院所在基础研究和共性技术方面研究不足，跨领域技术、产业链关键环节技术的集成与开发能力比较弱。随着产业技术发展向多学科交叉和智能化、信息化技术融合性发展，科研院所产业技术供给有逐步弱化趋势。一是转制科研院所由于产业发展需要，更多关注产业化，产业创新技术供给能力弱化；二是事业型科研院所力量普遍较弱，且为了自身生存和发展，大多围绕自身的产业化建立小规模的技术开发部门，难以为产业提供技术支撑；三是我国相关高校主要聚焦于人才培养、基础研究等，在产业技术供给中的主要作用是提供材料、工艺、设计等共性技术以及结构机理、机械原理，这些技术与产业衔接不够，需要通过院所、企业熟化和集成，才能成为产业技术。

（2）产业人才不能满足产业技术创新需要。高校的农业工程、农业机械化工程学科的教学科研和人才培养存在广而不专、重应用轻研究、重功能轻原理等突出问题，大学人才培养与科研机构、企业结合不够，与产业脱节严重，高端研发人才、创新创业人才培养产出不足，明显不能满足产业发展要求。

（3）产业高端技术研究薄弱。我国农业装备产业技术以中低端为主，高端技术基本依赖进口，具有自主知识产权的技术很少。一方面，现有产业技术创新力量不足以支撑高端技术研究，科研院所大多还处于生存发展阶段，以发展产业为主，缺乏精力及资金、人才开展高端技术研究；国内农业装备企业由于自身发展和市场竞争需要，大多采用引进或与国外合作方式解决产品开发的关键技术部件，对大投入、有风险的高端技术研发既没有资金也没有人才支撑。另一方面，国家科研项目支持高端技术研究不足，滞后于高端技术发展的趋势，“十一五”以来，国家“863”计划、科技支撑计划共支持 9 项农业装备领域重点或重大项目所涉及农业装备的主要产品领域，研究重点主要是中低端的农业装备新产品开发、产业化、应用推广，在以自动化、信息化、智能化技术为核心的高端农业装备技术方面进行部署是“十二五”以来才有所涉及，支持有限，仅侧重联合收割机控制系统、导航作业等面向应用的技术系统研究，在高性能、高技术的高端产品技术方面部署不够。

2. 企业自主创新能力弱

（1）企业没有能力提供产业技术。从我国主要农机企业产品技术来源看，全国稻麦联合收割机技术主要来源于中国农机院在20世纪80年代引进消化后的技术，玉米收割机技术也主要来源于中国农机院消化吸收后的技术，拖拉机技术除了个别骨干企业如中国一拖，靠自主研发外，其他企业的产品技术特别是大中型拖拉机动力换挡、传动系等技术主要靠引进，骨干企业很少涉及耕整及播种等机具生产，这些技术主要来源于科研院所和高校，企业自身研发主要局限于产品改进优化。

（2）企业内部研发机构不完善。在我国农机企业中，只有不到5%的企业建立内部研发部门，少部分骨干企业有技术中心并建立包括研发设计、试验检测、质量等企业技术体系，但也主要是围绕保证产品生产的技术升级需要而设立的，新技术、新产品研发力量较弱。约95%的农机企业根本没有设立研发部门，基本没有研发活动，主要以仿制制造为主，从未申请过专利、没有自主知识产权核心技术（见图3－21）。

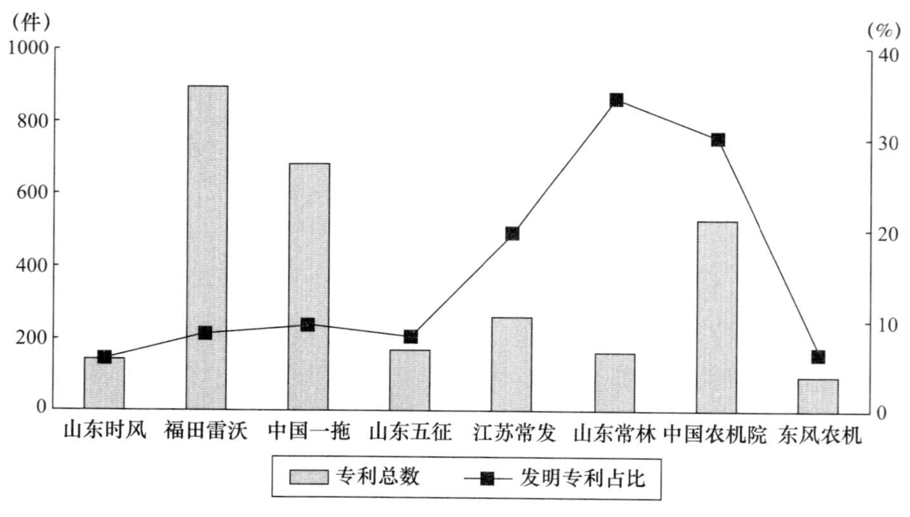

图3－21　截至2012年主要农机企业专利情况

（3）企业创新投入不足，科研条件落后。我国农机企业研发费用占销售收入的平均比重约0.5%，低于工业企业平均比重，骨干企业研发投入比仅为2%左右，2012年时风集团研发投入占比2%左右，而约翰迪尔公司研发投入占比4%左右，凯斯纽荷兰、爱科研发投入占比均在3%左右。投入不足造成了企业科研条件相对落后，仅有少部分骨干企业拥有大型科研基础设施和高水平仪器设备，大部分企业科研条件仅满足企业产品简单的分析和测试，不足以支撑企业新技术、新产品的开发，更不能对行业技术发展起到促进作用。

3. 支撑产业发展的技术创新链尚未形成

（1）产学研协同创新机制还未确立。围绕产业技术创新链的跨领域、多元集成的协同创新是实现产业创新能力提升的关键，可有效地整合产业创新资源，促使信息流、技术流、资源流的合理流动和创新效率最大发挥。长期以来，我国农业装备企业、科研院所、高校在创新环节上条块分割，未能形成支撑产业技术创新链构建的协同创新机制。目前，在产业技术创新环节像基础研究、产品验证、应用转化环节布局建设了重点实验室、工程实验室、工程技术研究中心，但围绕产业链整合创新资源不够，对农业装备关键零部件、先进制造以及新兴产业培育等技术支撑不足。

（2）技术创新公共服务体系没有形成。面向企业开展公共服务的共性技术开发、实验室检验检测、中试熟化、科技数据与文献、技术交流、融资服务等技术创新服务体系尚未健全。

4. 产业技术创新缺乏长期战略规划

（1）没有形成长期战略规划。农业装备产业是现代农业发展的重要支撑，是基础性产业。在资源有限的条件下，需要从战略高度、从全国范围制定产业技术创新的战略规划。

（2）资源配置缺乏衔接。农业装备产业技术创新涉及基础研究、技术开发、产品开发、生产制造、质量检测、鉴定、推广、示范、流通以及教育、培训、维修服务等环节，不同环节归属不同的部门归口管理，并且分处不同计划和工作体系，导致了既重复建设又分散的局面，不利于创新资源统筹，缺乏有效衔接，创新平台的载体作用不能得到有效发挥。一方面，科技政策与产业政策不协调，围绕产品质量、使用安全等政策较多，而促进技术创新政策较少，科技政策与产业政策、金融政策对接不足；另一方面，农机购机补贴、推广应用包括流通、质量监管政策注重后端应用和单一环节，与前端农机制造产业脱节，对产业创新发展支撑作用不强。

（3）投入仍然不足。中央财政加大农业装备产业技术科研投入，国家科技计划重大重点项目投入从“九五”期间的500多万元、“十五”期间的2800多万元增加到“十一五”期间的超过3亿元，带动社会资金5亿多元。“十二五”期间接近5亿元，带动社会资金8亿多元。但是，国家科技计划支持农业装备产业技术研发的经费比例仅占2‰左右。而且金融、投资、保险等渠道投入很少，多元化社会资本投入机制还未形成。

四、加强我国农业装备产业技术创新支撑体系建设的构想

我国已经进入了新型工业化、信息化、城镇化、农业现代化同步发展、并联发展、叠加发展的关键时期，全面提升农业装备产业的核心竞争力，对提高和保障我国现代农业发展能力意义重大。当前我国农业装备技术发展面临着拓展领域、增加品种、完善功能、提升水平的多重挑战，迫切需要加强产业技术创新能力，赢得产业发展的主动权。为此，本书提出“一个联盟为基础，一个基地为核心，国家产业及区域创新两个层面创新服务平台为支撑，百家企业为骨干，政策支持、财政引导、基金为主”的农业装备产业技术创新支撑体系建设的构想。

（一）加强农业装备产业技术创新战略联盟建设

农业装备产业技术创新战略联盟汇聚了全行业优势科技资源、创新人才，打通了产业链，着力构建产业技术创新链和协同创新机制，是农业装备产业技术创新支撑体系建设的基础。要进一步加强政策引导和财政支持，强化高校、院所、大型骨干企业成员优势互补、强强联合，深化政产学研用合作，面向产业技术需求，建设好具有战略引领能力、创新组织能力、国际拓展能力的农业装备产业技术创新战略联盟。支持联盟开展农业装备产业发展、技术创新等战略研究和战略咨询；支持联盟组织开展产业技术创新支撑体系规划研究、产业技术路线图研究和技术标准研制，提升联盟战略引领能力；支持农业装备联盟组织实施重大产业技术创新项目，支持以国家补助、企业及社会投资、独立运

行的方式设立农业装备产业技术创新基金，提升联盟技术创新组织能力；支持联盟开展国际合作，搭建以联盟为核心的国际合作交流平台，提升联盟国际影响力和国际化拓展能力。

（二）打造农业装备国家重大创新基地

依托农业装备产业技术创新战略联盟的组织基础，由中国农业机械化科学研究院牵头，以土壤植物机器系统技术国家重点实验室、农业生产机械装备国家工程实验室、农业装备领域国家工程技术中心以及国家级企业技术中心等创新载体为核心，整合中国一拖、山东时风、山东五征、福田雷沃、现代农装、江苏常发等行业骨干企业，以及中国农业大学等优势高校的创新资源，组建农业装备国家重大创新基地。

依托基地实施现代农业装备产业科技创新工程。围绕国家粮食安全战略、未来农业发展需求、产业技术变革和战略性新兴产业发展需要，针对产业发展的技术瓶颈，集中资源、形成合力，突破关系国计民生和经济命脉的重大关键科技问题和针对产业发展的技术瓶颈。重点通过国家科技计划项目及资金引导、形成行业骨干企业为主导、科技金融为支撑的创新投入机制，通过以农业装备产业技术创新战略联盟为核心、产学研协同创新的方式，开展基础前沿、关键共性、社会公益和战略高技术四个层面的产业共性技术研发，重点突破农业装备工程技术理论、数字化设计与验证、先进制造及材料工艺、可靠性与价值工程设计与验证以及发动机、电控、传动、液压等关键零部件和产品标准实验验证等应用基础技术；突破自走式通用机械化作业平台、大马力拖拉机CVT技术及配套农机具智能控制系统、秧苗工厂化生产与高速移栽、作物籽实收获分离系统、农机装备工况监测与作业智能控制系统、农业对象生理生态信息监测、农田作业机器人等前沿关键技术；突破农业投入物减量高效施用装备、低碳工厂化农业设施及装备、农业灾害防控与抗灾减灾装备、粮经作物整株全价值采收成套装备、精益制种成套装备、清洁能源农机装备、土地整治装备等重大产品关键技术，强化开展农机与农艺、农机与信息、农机与生物的融合关键技术研究，以突破农机性能稳定性、开放工况运行可靠性、智能作业精准性、成套配套合理性、区域应用实用性为核心，形成技术标准，促进产业技术进步和核心竞争能力的提高。

（三）构建农业装备产业技术创新服务平台

以农业装备联盟为载体，以中国农机院为主导，集聚中国农业大学等高校创新资源，整合农业装备领域国家中小企业公共技术服务示范平台、农业机械生产力促进中心、国家质量监督检验中心、全国及行业标准化技术委员会等行业研发条件、检验检测、标准制定等资源，建立国家农业装备产业技术创新服务平台，并与农业装备国家重大创新基地衔接。主要开展大数据平台、创新设计、产品孵化、人才培训、创业投资以及标准、文献、数据等专业创新服务，发展科技成果评价、知识产权经营、技术产权交易、科技金融等社会化科技服务业，促进科技成果转化和产业化。

在黑龙江、山东、湖南、重庆、新疆等地，以省级科研院所为主，与骨干企业结合，在多功能作业装备、农林动力机械、定位变量装备、保护性耕作技术、农业设施、健康养殖等重点领域，布局建立若干重点区域公共技术服务平台。主要为企业新技术新产品开展区域性适应性试验测试提供服务，为中小企业提供研发设计、中试熟化、检验检测、标准应用、人才培训、技术转移等公共技术服务，提升企业特别是中小企业的产品技术水平和企业技术升级、研发能力，服务产业集群发展。

（四）培育具有国际竞争力的创新型企业

实施创新型企业培育工程，培育农业装备产业的核心企业群体。在收获机械、水田机械、农机具、畜牧业装备、农产品加工装备等农业装备重点产业中，培育10家具有国际竞争力的农业装备企业集团，并着力打造3~5家跨国企业。培育200家企业成为具有产品开发能力的专精特企业。在山东、河南、江苏、浙江等地培育形成价值链基础上的专精特创新型产业集群。

鼓励骨干龙头企业完善研发体系，提升创新能力，发挥示范带头作用。支持各类创新载体、科技服务平台面向企业开展技术辐射扩散、技术转移等服务，支持龙头企业向中小企业技术扩散，支持企业与高校、科研院所合作研发。

支持创新型企业围绕战略前瞻性技术、农机具及收获机械等重大产品技术领域与高校、院所合作，建立创新人才培养示范基地，实施农业装备中青年创新人才推进计划，营造培养科技创新人才的政策环境，突破人才培养体制机制难点，形成各具特色的人才培养模式，培养高端研发和创新型领军人才。支持创新基地、技术创新服务平台，开展面向企业的人才培训，培养企业管理人才、创业人才、高技能人才，形成支撑产业发展的多层次创新型人才体系。

支持国内骨干龙头企业到国外建立农业技术集成示范中心、海外现代示范农场，带动农业装备技术产品“走出去”。

（五）设立农业装备产业技术创新基金

整合现有财政支持渠道，以国家财政补助引导、企业及社会投入为主，设立国家农业装备产业技术创新基金。基金实施专业化管理、市场化运行的方式，支持农业装备基础共性技术、高端装备技术研发。

（六）支持设立农业装备产业投资基金

进一步探索其他有效的产业与金融合作模式，政府引导，骨干企业、银行业金融机构、投资机构、民间资本共同设立农业装备产业投资基金，为农业装备产业化提供资金支持，参与农机企业并购、融资、重组，以科技创新为核心，全方位推进产品创新、品牌创新、产业组织创新、商业模式创新，促进骨干企业产业链、业务整合。

五、附表

（一）全国省级以上农机院所

序号	名称	所在地	上级管理部门	性质	优势领域
1	中国农业机械化科学研究院	北京市	国务院国资委中国机械工业集团公司	转制企业（1999年）	农业生产全过程机械
2	农业部南京农业机械化研究所	江苏南京市	农业部所属中国农业科学院	全额拨款事业单位	南方水田农业机械
3	农业部规划设计研究院（中国农业工程研究设计院）	北京市	农业部	全额拨款事业单位	设施农业

续表

序号	名称	所在地	上级管理部门	性质	优势领域
4	北京市农业机械研究所	北京市	市国资委北汽控股公司所属兴东方公司	转制企业（2000 年）	设施农业设备
5	天津市农业机械研究所	天津市	市农委（市农机局）	自收自支事业单位	保护性耕作机械
6	河北省农业机械化研究所有限公司	河北石家庄市	河北省农林科学院	企业	旱作农业机械
7	山西省农业机械化科学研究院	山西太原市	省农机局、省科技厅	全额拨款事业单位	田间作业、水利排灌
8	中国农业机械化科学研究院呼和浩特分院	内蒙古呼和浩特市	国务院国资委中国机械工业集团公司所属中国农机院	转制企业（1999 年）	畜牧机械
9	辽宁省农业机械化研究所	辽宁沈阳市	省农村经济委员会	全额拨款事业单位	耕整种植机械
10	吉林省农业机械研究院	吉林长春市	省科技厅	全额拨款事业单位	耕整种植机械
11	黑龙江省农业机械工程科学研究院	黑龙江哈尔滨市	省农委	全额拨款事业单位	耕整种植机械
12	黑龙江省农机维修研究所（农业部农业机械维修研究所）	黑龙江哈尔滨市	省农委	全额拨款事业单位	农机维护保养与维修技术
13	黑龙江省水田机械化研究所	黑龙江牡丹江市	省农委	全额拨款事业单位	北方水田机械
14	黑龙江省农业机械运用研究所	黑龙江绥化市	省农委	全额拨款事业单位	亚麻收获机械
15	上海市农业机械研究所	上海市	市农委	差额拨款事业单位	温室工程
16	浙江省农业机械研究院（金华市农业机械研究所）	浙江金华市	市农业局	全额拨款事业单位	水田机械
17	安徽省农业机械研究所	安徽合肥市	省科技厅	自收自支事业单位	水田机械
18	安徽省农业机械化研究所（安徽省农业机械试验鉴定站）	安徽合肥市	省农机局	全额拨款事业单位	农业机械化作业技术
19	福建省机械科学研究院（福建省农业机械化研究所）	福建福州市	省经济贸易委员会	差额拨款事业单位	田间管理机械
20	江西省农业机械研究所	江西南昌市	省机械行业管理办公室	全额拨款事业单位	水田机械
21	山东省农业机械科学研究院	山东济南市	省机械工业协会	差额拨款事业单位	整地机械、收获机械

续表

序号	名称	所在地	上级管理部门	性质	优势领域
22	洛阳拖拉机研究所有限责任公司	河南洛阳市	国务院国资委中国机械工业集团有限公司所属中国一拖集团有限公司	转制企业（1999 年）	拖拉机研发
23	广东省农业机械研究所	广东广州市	省农业厅	自收自支事业单位	水稻收获机
24	中国热带农业科学院农业机械研究所	广东湛江市	农业部	全额拨款事业单位	热带农业机械化技术装备
25	广西农业机械研究院	广西南宁市	省国资委	转制企业（2001 年）	甘蔗生产机械装备
26	重庆市农业科学院农业机械研究所	重庆市	市农委	全额拨款事业单位	山地丘陵机械
27	四川省农业机械研究设计院	四川成都市	省农业机械管理局	差额拨款事业单位	中小型耕整种植机械
28	贵州山地农业机械研究所	贵州贵阳市	省农委	全额拨款事业单位	山地农业机械
29	云南省农业机械研究所	云南昆明市	省机械工业行业协会	自收自支事业单位	设施农业装备
30	陕西省农业机械研究所	陕西咸阳市	省科技厅	自收自支事业单位	农产品加工技术装备
31	甘肃省机械科学研究院	甘肃兰州市	省科技厅	转制企业（2004 年）	农产品产地处理装备技术
32	新疆农业科学院农业机械化研究所	新疆乌鲁木齐市	自治区农委	全额拨款事业单位	棉花生产机械化技术装备
33	新疆兵团农垦科学院机械装备研究所	新疆石河子市	新疆兵团科技局	全额拨款事业单位	经济作物种植机械
34	海南省农业机械研究所	海南省海口市	省农业厅	全额拨款事业单位	热带作物生产技术装备
35	湖南省农业机械研究所	湖南长沙市	2003 年并入中南林业科技大学机电工程学院	全额拨款事业单位	南方水田、丘陵山地机械
36	宁夏农业机械研究所	宁夏银川市	2000 年转制进入吴忠仪表集团有限公司	转制企业（2000 年）	无实际业务

（二）国内设有农业机械化工程学科的院校

序号	院校	所在地	主管部门
1	中国农业大学	北京市	教育部
2	东北农业大学	黑龙江哈尔滨市	黑龙江省
3	浙江大学	浙江杭州市	教育部
4	江苏大学	江苏镇江市	江苏省
5	吉林大学	吉林长春市	教育部
6	吉林农业大学	吉林长春市	吉林省
7	华中农业大学	湖北武汉市	教育部
8	南京农业大学	江苏南京市	教育部
9	华南农业大学	广东广州市	广东省
10	山东农业大学	山东泰安市	山东省
11	河南科技大学	河南洛阳市	河南省
12	湖南农业大学	湖南长沙市	湖南省
13	西北农林科技大学	陕西杨凌	教育部
14	江西农业大学	江西南昌市	江西省
15	山西农业大学	山西太谷县	山西省
16	河北农业大学	河北保定市	河北省
17	河南农业大学	河南郑州市	河南省
18	宁夏大学	宁夏银川市	宁夏回族自治区
19	广西大学	广西南宁市	广西壮族自治区
20	安徽农业大学	安徽合肥市	安徽省
21	四川农业大学	四川雅安市	四川省
22	海南大学	海南海口市	海南省
23	甘肃农业大学	甘肃兰州市	甘肃省
24	云南农业大学	云南昆明市	云南省
25	西南大学	重庆市	教育部
26	佳木斯大学	黑龙江佳木斯市	黑龙江省
27	沈阳农业大学	辽宁沈阳市	辽宁省
28	青岛农业大学	山东青岛市	山东省
29	塔里木大学	新疆阿拉尔市	新疆生产建设兵团
30	黑龙江八一农垦大学	黑龙江大庆市	黑龙江省

续表

序号	院校	所在地	主管部门
31	山东理工大学	山东淄博市	山东省
32	浙江农林大学	浙江杭州市	浙江省
33	新疆农业大学	新疆乌鲁木齐市	新疆维吾尔自治区
34	石河子大学	新疆石河子市	新疆维吾尔自治区
35	内蒙古农业大学	内蒙古呼和浩特市	内蒙古自治区
36	贵州大学	贵州贵阳市	贵州省
37	长江大学	湖北荆州市	湖北省
38	扬州大学	江苏扬州市	江苏省
39	天津农学院	天津市	天津市
40	太原科技大学	山西太原市	山西省
41	昆明理工大学	云南昆明市	云南省
42	河南工业大学	河南郑州市	河南省

（三）国内农机行业重点企业

序号	企业名称	所在地	主导产品
1	山东时风（集团）有限责任公司	山东	农用车
2	中国一拖集团有限公司	河南	拖拉机
3	福田雷沃国际重工股份有限公司	山东	联合收割机
4	江苏常发实业集团有限公司	江苏	拖拉机
5	山东五征集团有限公司	山东	农用车
6	北汽福田汽车股份有限公司诸城汽车厂	山东	专用车
7	资阳市南骏汽车有限公司	四川	载货汽车
8	山东常林农业装备股份有限公司	山东	拖拉机
9	久保田农业机械（苏州）有限公司	江苏	插秧机
10	河南奔马股份有限公司	河南	农用运输车
11	中国农业机械化科学研究院	北京	农机具
12	山东黑豹集团有限公司	山东	农用运输车
13	江苏沃得农业机械有限公司	江苏	联合收割机
14	中国重汽集团成都王牌商用车有限公司	四川	商用车
15	约翰·迪尔（佳木斯）农业机械有限公司	黑龙江	联合收割机
16	常州东风农机集团有限公司	江苏	拖拉机

续表

序号	企业名称	所在地	主导产品
17	江苏英田汽车制造有限公司	江苏	农用运输车
18	浙江四方集团公司（销售）	浙江	拖拉机
19	浙江利欧股份有限公司	浙江	农用泵
20	山东唐骏欧铃汽车制造有限公司	山东	专用车
21	山东凯马汽车制造有限公司	山东	专用车
22	约翰·迪尔天拖有限公司	天津	拖拉机
23	山东华盛中天机械集团有限公司	山东	发动机
24	约翰迪尔（宁波）农业机械有限公司	浙江	拖拉机
25	杭州行地集团有限公司	浙江	专用车
26	上海纽荷兰农业机械有限公司	上海	拖拉机
27	马恒达悦达（盐城）拖拉机有限公司	江苏	拖拉机
28	山东大丰机械有限公司	山东	联合收割机
29	河南千里机械有限公司	河南	拖拉机
30	洋马农机（中国）有限公司	江苏	插秧机
31	山东金亿机械制造有限公司	山东	玉米收割机
32	河南豪丰机械制造有限公司	河南	耕整机械
33	江苏清拖农业装备有限公司	江苏	拖拉机
34	山东颜山泵业有限公司	山东	农用泵
35	浙江新界泵业股份有限公司	浙江	农用泵
36	浙江绿田机电制造有限公司	浙江	农用泵
37	山东名流实业集团有限公司	山东	农用泵
38	洛阳中收机械装备有限公司	河南	玉米收割机
39	湖州星光农机制造有限公司	浙江	联合收割机
40	浙江大元泵业有限公司	浙江	农用泵
41	荣成市海山机械制造有限公司	山东	拖拉机
42	浙江彪马集团有限公司	浙江	农用车
43	潍坊鲁中拖拉机有限公司	山东	拖拉机
44	广西钦州力顺机械有限公司	广西	专用车
45	浙江柳林机械有限公司	浙江	联合收割机
46	山东巨明机械有限公司	山东	玉米收割机
47	临沂三禾永佳动力有限公司	山东	园林机械
48	长葛市世英机械有限公司	河南	农用车
49	宜昌陆圣车辆有限公司	湖北	农用运输车
50	南宁五菱桂花车辆有限公司	广西	拖拉机

资料来源：中国农业机械工业协会，2011 年。

（四）国外主要农机企业在国内市场分布

企业	总部所在国	布局的中国城市	形式	主要产品
约翰·迪尔	美国	北京市	投资	投资服务
		北京市	贸易	节水灌溉产品贸易
		黑龙江佳木斯市	工厂	联合收割机
		黑龙江哈尔滨市	工厂	大中型拖拉机、喷药机、播种机及收获设备
		天津市	工厂、研发	发动机、拖拉机、研发服务
		浙江宁波市	工厂	拖拉机
凯斯纽荷兰	美国	上海市	工厂、研发、贸易	拖拉机、研发服务、贸易服务
		黑龙江哈尔滨市	工厂、研发	拖拉机
		新疆乌鲁木齐	工厂	采棉机
		广东佛山	工厂	甘蔗收获机
久保田	日本	江苏苏州市	工厂	水稻收割机、插秧机、拖拉机
久保田格兰	挪威	辽宁大连市	工厂	耕整地机具、植保机械
		黑龙江大庆市	工厂	联合整地机、精量播种机
爱科	美国	江苏常州市	工厂、运营中心	拖拉机、运营服务
		黑龙江大庆市	工厂	拖拉机
		黑龙江省哈尔滨市	工厂	拖拉机、联合收割机和打捆机
		北京市	贸易	贸易服务
		山东兖州市（与山东大丰合作）	工厂	收获机械
克拉斯	德国	北京市	贸易	贸易服务
		山东高密（控股山东金亿）	工厂	玉米收获机
赛迈道依兹法尔	意大利	辽宁大连市	工厂	拖拉机
		山东临沂市（与山东常林合资）	工厂	拖拉机、收获机械及相关发动机产品
库恩	法国	北京市	代表处	贸易服务
洋马	日本	江苏无锡市	工厂、研发	联合收割机、研发服务
井关	日本	江苏常州市	工厂	拖拉机、联合收割机
		黑龙江哈尔滨市	贸易	贸易服务
		吉林省长春市（与中国农机院中机北方合作生产）	工厂	水稻收割机
		湖北襄阳（与东风汽车合资）	工厂	插秧机、收割机和其他各种农机具

续表

企业	总部所在国	布局的中国城市	形式	主要产品
大同	韩国	江苏南京市	工厂	插秧机、水稻收割机
		安徽滁州市	工厂	插秧机、水稻收割机、拖拉机、农机具
马恒达	印度	江苏盐城市	工厂	拖拉机
		江西南昌市	工厂	拖拉机
雷肯	德国	山东潍坊市（与福田雷沃合作）	工厂	深翻转犁等农具
		北京市	贸易	贸易服务
		山东青岛市	工厂、研发	耕整播种机械、研发服务
格雷莫	德国	北京市	办公室	耕整播种机械贸易服务
LG 乐星	韩国	山东青岛市	工厂	拖拉机
东洋	韩国	江苏盐城市	工厂	插秧机、水稻收割机
		江西南昌市	工厂	插秧机、水稻收割机
马斯奇奥	意大利	山东青岛市	工厂	播种机、旋耕机、深松机等
伊诺罗斯	意大利	北京亦庄	组装、贸易	牧草、秸秆收获，耕整种植机械

第四章 基础性重型装备产业技术创新支撑体系研究

装备产业是发达工业体系的中枢，为制造业现代化提供技术装备保障，是“母机”产业，其发展水平是衡量国家综合实力和工业化程度的重要标志，是大国的立国之本，关系国民经济命脉和国家安全。而基础性重型装备产业又是装备产业中最核心和基础的部分，产业关联度大、带动作用明显，是工业体系的重要支撑，在国民经济中占有不可或缺、不可替代的基础性地位。

一、基础性重型装备产业概述

（一）产业范围界定

基础性重型装备产业是以重大冶金成套装备和冶金、电力（水、火、风、核电）、石化容器、锻压设备等行业所需的大型、超大型铸锻件为代表性产品的重型机械制造业，为我国矿山、冶金、石油、化工、建材、水利、电力、交通、环保、国防等工业提供矿山开采、矿物加工、金属冶炼、金属轧制、压力加工、起重运输所需的各种工艺装备，是我国机械工业的重要组成部分。涉及产品如表 4－1 所示。

表 4－1　重型装备产品列表

产品		尺寸	重量	用途
冶金轧制设备	轧制设备	全线	1000 吨以上	对板带材以及线棒材等轧制材料再次以轧制的方式进行深度加工设备
	大型轧辊	最大件长：11775 毫米 直径：φ2520 毫米	100 吨以上	利用一对或一组轧辊滚动时产生的压力来轧碾钢材，是使金属塑性变形的部件
	轧机机架	长：7000～15000 毫米 宽：3000～5000 毫米 高：800～2300 毫米	单片“牌坊”120 吨以上	由两片“牌坊”组成，以安装轧辊轴承座和轧辊调整装置，承受轧制力
大型铸锻件	600MW 以上汽机转子	直径：φ1000～2900 毫米 长：7500～17000 毫米	70 吨以上	汽轮机发电机中的旋转部件
	汽缸体	典型件长：6800 毫米 宽：3700 毫米 高：2069 毫米	37 吨	引擎的基本结构，是汽轮机组的重要组成部分
	水电上冠、下环、叶片	上冠：φ9290 毫米×510 毫米 下环：φ10560 毫米×1900 毫米 叶片：4268 毫米×4687 毫米×1753 毫米	上冠：106 吨 下环：62 吨 叶片：15 吨	水轮机的核心部件
	船用铸锻件（挂舵臂等）	—	130 吨以上	支撑、吊挂舵结构的关键件
重型容器设备	大型锻焊结构热壁加氢反应器	典型件： 外径：φ4341 毫米 内径：φ3815 毫米 切线长：22691 毫米	组焊完成后重达 400 吨以上，或单个筒节（封头）锻件重达 100 吨以上	实现石化介质进行物理和化学反应过程的设备
核能设备	反应堆压力容器	CPR1000：高：13217 毫米 直径：φ4674 毫米	328 吨	安置核反应堆并承受其巨大运行压力的密闭容器
	稳压器	CPR1000：高：12846 毫米 直径：φ2360 毫米	80 吨	维持和调节一回路压力
	蒸发器	CPR1000：高：20848 毫米 直径：φ4280/3500 毫米	328 吨	热量交换并防止核辐射泄漏
	堆内构件	CPR1000：高：9886 毫米 直径：φ3900 毫米	80 吨	安置于核反应堆压力容器内，承载核燃料组件
锻压设备	横梁、底座等大型铸件	—	80 吨以上	用于锻压设备承重部件

（二）产业主要特征

1. 基础性

基础性重型装备产业的代表性产品——大型铸锻件是重型装备的基础部件，是国家重大技术装备和重大工程建设所必需的关键基础部件，主要应用于电站、船舶、大型机械、冶金和石化等行业。大型铸锻件的制造能力和水平直接决定着我国装备工业的制造能力和整体水平。

2. 专用性

重型装备服务于煤炭、电力、冶金、航空、石油化工、交通、水利、环保等国家基础产业，基础性重型装备产业与一般机械行业相比，产品特点为单件或小批量，产品形式多样、品种繁多，适应不同生产工艺及生产规模，几乎所有产品都是依据用户要求量体裁衣、专门定制。

3. 大型化

重型装备产业的共性都是一些大型、重型、复杂的装备类产品。如大型锻焊结构热壁加氢反应器单体重量最大达2000多吨，大型轧机牌坊单片净重均在200~500吨，一些超大型铸钢件多用500~800吨及以上的钢水浇铸而成，冶金成套产品多为几台甚至上百台设备组成。铸造、锻造和冷加工这样的大型复杂零件，需要具备大型和超大型冷加工装备、热加工装备、热处理设备。随着科学技术的进步，工业制造追求规模化、高效化、自动化、更加节能、更加环保和利益最大化的目标，也使得基础装备走向大型化、重型化、高速化、连续化和高效化。

4. 工艺复杂性

重型装备工作时的特殊环境对产品性能参数要求高，质量要求严格。如大型轧辊制造一般要经过冶炼、铸锭、锻造、加工及热处理工序，涉及材料科学、弹塑性力学、冶炼凝固技术、塑性成型加工、热处理组织性能优化控制等学科领域，还涉及复杂的检测手段，是一项多学科交叉融合的复杂技术，工艺过程控制复杂甚至难以控制。而对成套产品来说，除制造工艺外还有机、电、液及控制集成技术的高要求。

5. 技术高度密集

重型装备产业集中体现了当代制造业中的六大科技能力，即“集成技术、极限制造技术、柔性制造技术、绿色制造技术、智能制造技术、虚拟制造技术”，是现代制造业中科技水平的体现，带动相关产业、行业的技术发展、实现高效、绿色、可持续的发展。

6. 产业关联性大

基础性重型装备产业的产业关联度大，是带动产业升级的重要引擎。如国家确定的钢铁、汽车、船舶、石化、纺织、轻工、有色金属、装备制造业、电子信息及物流业10个重点产业，重型装备产业是支撑这些产业发展的基础；同时，重型装备产业也是许多战略性新兴产业发展的重要支撑。

二、国内外主要企业的对标分析

（一）国内代表性企业

我国基础性重型装备产业中具有较强竞争实力的代表性企业主要有中国第一重型机械集团公司（以下简称一重）、中国第二重型机械集团公司（以下简称二重）、上海重型机器厂有限公司（以下简称上重）、中信重工机械股份有限公司（以下简称中信重工）等重机企业。以一重、二重为代表的国内龙头企业已发展成为中国主要的大型冶金成套设备制造商、重型压力容器制造商、核电锻件制造商，一些技术已经处于世界重大技术装备制造的前列，代表着国内行业领域的技术水平。

在产品结构方面，国内大型重机企业的数量相对较少，细分领域一般由2~3家主要企业占据（见表4-2）。

表4-2　我国主要重型装备制造企业的产品结构　　单位：%

企业名称	军工设备	冶金设备	大型铸锻件	石化容器	核能设备	锻压设备	矿山设备	工矿备件	水泥设备	风电设备	模锻件	基础性装备比重
一重	●	●	●	●	●	●	●	●	/	/	/	100
二重	/	●	●	●	●	●	●	●	●	●	●	100
上重	/	●	●	/	/	●	●	●	●	/	/	60
中信重工	/	●	●	/	/	/	●	●	●	/	/	40

在市场结构方面，我国重型装备制造企业基本以国内市场为主，国际化程度低，国际化处于刚刚起步阶段。如国际化走在前面的一重，产品仅出口几个国家，出口额也仅占主营业务收入的7%。

我国大型重机企业专注于制造，一直处于产业价值链的低端。近年来，受行业产能过剩、行业恶性竞争的影响，上述主要企业的总体发展呈下滑趋势。除中信重工外，其他企业的市场订单和利润都有较大幅度的下降，特别是二重由于近年来亏损较严重，已与中国机械工业集团有限公司（以下简称国机集团）联合重组。

（二）国外代表性企业

国外基础性重型装备产业的主要代表性企业有德国西马克、西门子奥钢联、韩国斗山重工、日本制钢所（JSW）等。

1. 德国西马克集团

德国西马克集团（SMS Group）是一个由多家在钢铁和有色金属工业领域从事机械设计和设备制造业务的跨国公司组成的集团公司。西马克集团的成员公司在冶炼、轧制等多个领域处于世界领先地位。集团旗下的两大核心企业西马克公司（SMS Siemag）和西马克梅尔公司（SMS Meer）共同构成了西马克集团的冶金分支。SMS Siemag 主要产品包括从还原冶金、炼钢、二次冶金、连铸、CSP 技术、冷热轧机到带钢处理生产线；SMS Meer 从事开发和制造用于管材、型材、有色金属生产制造业和锻造工业所需的设备和生产线。在主要产品市场占有率方面，西马克集团与西门子奥钢联共同占据全球50%以上市场份额。西马克集团的发展历程如图 4－1 所示。

德国西马克集团的竞争力主要体现在：世界先进的设计、开发能力、一流的工程总包能力、产品多元化、全球化经营。它是典型的哑铃型企业——以设计、开发与营销为主导。

下面重点介绍 SMS Concast 公司（SMS Meer 的一个业务分支）。SMS Concast 公司是全球炼钢工艺与技术方面的领先企业。该企业拥有 60 年的连铸经验，也制造电弧炉和二级冶金设备。

1936 年，德国工程师容汉斯（Siegfried Junghans）发明了振动结晶器并成功地应用于有色金属黄铜的连铸之后，其合作者美国炼钢业先驱 Irving Rossi 将连铸技术成功运用到美国市场，而且 Rossi 也是将有色金属的连铸工艺转用到钢生产上的第一人。Rossi 还把新的连铸技术推广到欧洲市场，并于 1954 年

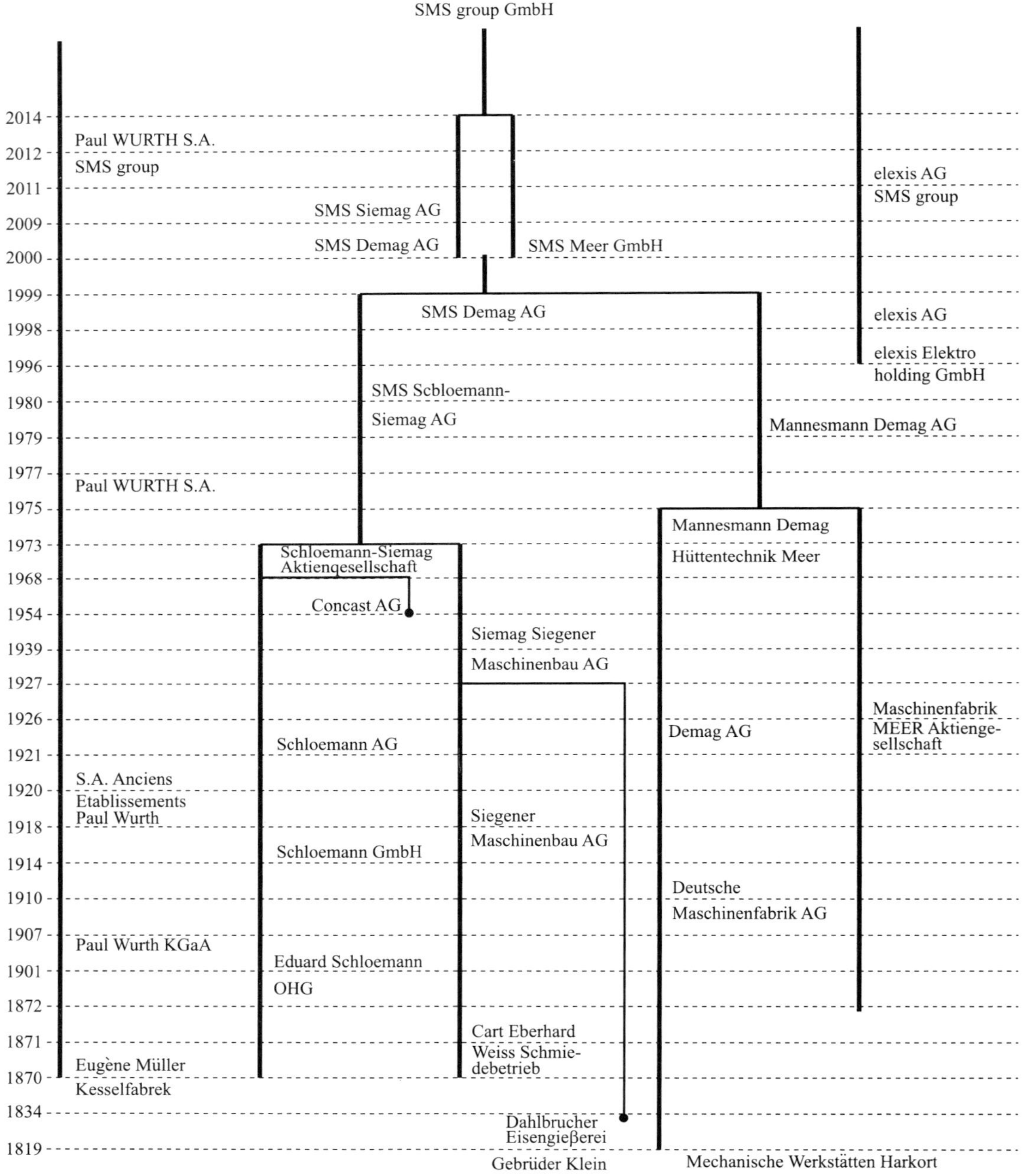

图 4－1　德国西马克集团的发展历程

资料来源：http：//www. sms－group. cn。

和后来的企业负责人 Heinrich Tanner 一起在瑞士苏黎世创建了 Concast 股份公司（AG）。该公司是早期连铸技术的主要提供者，曾向施勒曼（Schloemann）（SMS 公司的前身）、日本住友（Sumitomo）、法国克鲁索·卢瓦尔（Creusot - Loire）等领先的重型机械制造企业提供工艺技术。1965 年，施勒曼公司持有了 Concast 公司大部分股份。1973 年，施勒曼公司与西马克（Siemag）公司合并为 Schloemann - Siemag（SMS）公司，SMS 成为 Concast 的大股东并参与了管理。

20 世纪 70 年代，SMS 对 Concast 公司的业务进行分割。1981 年，公司创始人之一的 Heinrich Tanner 接手了被分立出来的 Concast Standard 公司。Heinrich Tanner 持有新公司的 30% 股份，其余 70% 股份仍由 SMS 持有。因为拥有 Concast 公司在小钢坯连铸机领域的技术诀窍、工程设计和专利，新公司很快便走上成功之路。1987 年公司收购了位于意大利乌迪内的 Continua S. P. A. 公司。1996 年公司又从 ABB 公司收购了电弧炉业务，开始供应全套电炉钢生产设备。

2004 年 SMS 控制了 Concast 公司 100% 的股权，Concast 公司全面承担西马克德马格公司（SMS Demag）[①] 的钢结构和长材连铸业务。2009 年，公司更名为 SMS Concast，并于 2011 年 1 月 1 日起正式归属于西马克梅尔公司（SMS Meer），以更好的服务来满足增长的全套紧凑型钢厂的需求。SMS Concast 公司的发展史如表 4 - 3 所示。

表 4 - 3 SMS Concast 公司发展历程

年份	发展里程碑
1954	由 Irving Rossi 创建 Concast
1955	与曼内斯曼（Mannesmann）合作研发连铸工艺
1965	Schloemann 成为 Concast 的股东
1973	Schloemann 与 Siemag 合并为 Schloemann - Siemag（SMS），SMS 成为 Concast 的大股东
1981	Concast 开始专门从事长材连铸设备的结构与工程设计
1997	Concast 开始电弧炉业务（从 ABB 收购）
2004	SMS Holding 获得 Concast 100% 股权
2009	Concast 更名为 SMS Concast
2011	SMS Concast 成为 SMS Meer 的业务分支

资料来源：http：//www. sms - concast. ch。

① 该公司是西马克集团（SMS Group）的主要成员，主要从事冶炼、连铸、轧制和精整设备的设计和制造。公司总部位于德国西根市的黑辛巴赫。

2. 西门子奥钢联冶金技术公司

西门子奥钢联冶金技术公司（Siemens VAI）的前身，是位于奥地利林茨市的奥钢联冶金技术公司（VAI），它是钢铁和铝工业领域全球领先的工程设计和冶金设备制造商，提供完整的炼铁炼钢和铝业生产技术，包括烧结、炼铁、炼钢（电炉、转炉）、连铸、轧制、自动化以及节能和环保技术。VAI 于 2005 年被西门子公司兼并，成为西门子奥钢联冶金技术公司，隶属于西门子工业解决方案集团。Siemens VAI 的形成历史如表 4－4 所示。

表 4－4　西门子奥钢联（Siemens－VAI）的历史

<table>
<tr><th>年份</th><th colspan="2">事件</th><th>备注</th></tr>
<tr><td>2005</td><td colspan="2">Siemens 收购 VAI，变更为 Siemens VAI</td><td rowspan="5">独立后，VAI 开始并购完善业务版图，在被西门子收购后，抓住了中国等新兴市场钢铁产业发展的历史机遇</td></tr>
<tr><td>2003</td><td colspan="2">VAI 收购 Blytheville Arkansas</td></tr>
<tr><td>1999</td><td colspan="2">收购挪威冶金设备公司 Kvaemer A. S. A，该项收购对 VAI 意义重大</td></tr>
<tr><td>1997</td><td colspan="2">VAI 雇员达到 4000 人，已在全球 80 个国家完成 620 项合同，待执行合同 100 项，30 亿美元</td></tr>
<tr><td>1995</td><td>VAI 正式独立，拥有雇员 2000 名，
在全球 45 个国家有业务，营业额 8.4 亿美元</td><td>开始收购德国电炉设备生产企业
Fuchs Systemtechnik GmbH</td></tr>
<tr><td>1988</td><td colspan="2">奥钢联冶金技术有限公司正式成立（Voest－Alpine Industrieangenbau/VAI）</td><td rowspan="4">两次石油危机间母公司奥钢联集团经营陷入困境，并启动私有化进程（拆分为 3 家），VAI 技术能力持续提升，最终走向独立</td></tr>
<tr><td>1985</td><td colspan="2">奥钢联集团重新改组（Voest－Alpine NEW），定位为市场化主导下技术驱动企业</td></tr>
<tr><td>1984</td><td colspan="2">受产业及国内环境影响，母公司奥钢联出现创纪录亏损（250 亿先令），开始私有化重组，收购德国公司 Korf Engineering GesmbH，获得 COREX 工艺</td></tr>
<tr><td>1980</td><td colspan="2">开始向生物、环保领域进军
新建钢铁企业合同大幅减少，但对技术要求更高
冶金工程业务在奥钢联集团公司重要性增加，营业额占比由 1973 年的 20% 上升至 1976 年的 45%</td></tr>
<tr><td>1974</td><td colspan="2">第一次石油危机爆发，欧洲钢铁工业增长周期结束，生产企业盈利下滑
在奥地利维也纳建立技术中心
开发出宽厚板全连铸工艺
业务延伸到化学工程（the Construction of Chemical Plants）
“the New Construction Division” 改组为 “Industrial Construction and Plant Development”，聚焦总承包工程业务</td><td rowspan="3">战后重建使奥钢联培育出强大的冶金工程服务能力，并通过总承包方式快速推广</td></tr>
<tr><td>1958</td><td colspan="2">依托奥钢联重建过程积累的经验，获得了印度 Rourkela 钢厂建设合同，并以此为契机，获得大量合同，同时在热轧、冷轧领域也有突破</td></tr>
<tr><td>1953</td><td colspan="2">具有划时代意义的转炉炼钢（LD－process 或 Linz－Donawitz－process）工艺投入运营</td></tr>
</table>

续表

年份	事件	备注
1949	重建基本完成（高炉—平炉—宽厚板工艺路线）	战后重建使奥钢联培育出强大的冶金工程服务能力，并通过总承包方式快速推广
1945	战后重建，公司由 Alpin Montan AG Hermann Goring 更名为 Vereinigte Osterreichsche Eisen－und Stahlwerke（VOEST），即奥钢联，并成立了重建建设设计部门“New Building Division”	
1939	“二战”开始，正在建设中的钢铁厂被德国采矿和冶金工业联合体（DBHG）接管，并被用于军事目的	
1938	英国公司 Brassert & Co 开始在奥地利林茨建设钢铁厂	

西门子奥钢联已经发展成为世界上唯一能够在钢铁生产各个环节和整个工厂全周期内为客户提供服务与解决方案的公司，也是冶金行业内唯一拥有机械和电工两方面优势的技术供应商。其主要业务包括机械设备、电气和自动化、完整 IT 解决方案以及创新的服务与升级改造服务包。西门子奥钢联公司不断加强各个领域的专业技术知识，并通过研发和有针对性的并购，将最佳技术融入其产品系列当中。作为完整集成解决方案的供应商，西门子奥钢联帮助其客户可持续地提高生产能力、效率、可靠性和环境相容性。

西门子奥钢联分别在奥地利、德国、西班牙、法国、英国、美国、意大利有自己的研发和生产基地。主要产品结构包括炼钢设备、连铸设备、热冷轧设备、轨道装备、高速线材、棒材设备。主要优势产品是连铸设备、工艺电气自动化控制系统。全球 70% 的钢厂采用其输出的冶炼技术，在世界冶金工程技术市场的份额达到 25%。

3. 韩国斗山重工业集团

韩国斗山重工业集团（Doosan Heavy Industries & Construction，以下简称斗山重工）是韩国最大的重工业企业之一。公司成立于 1962 年，位于韩国南部城市昌原，是韩国斗山集团[①]旗下的子公司之一。2011 年，斗山重工收入为 76.7 亿美元，共有 6700 名员工。其子公司包括斗山电力系统公司、斗山 IMGB、斗山重工业集团越南、斗山维娜海防、斗山电力系统印度、斗山奈厂、Doosan HF Controls。公司先后在世界各地完成一批重大水电项目。

① 韩国斗山集团是全球性大型集团，成立于 1896 年，旗下有 20 多家子公司，提供多元化的产品和服务，从发电和海水淡化等行业一直跨越到建筑、发动机、机床和农业领域。集团业务遍及全球 35 个国家，拥有 39000 多名员工。

2006年，斗山重工收购了拥有锅炉设计和工程原始技术的英国巴布科克发电设备公司，奠定了开拓欧洲发电设备市场的基础。同年还收购了罗马尼亚最大规模的铸锻企业——克瓦纳（Kvaerner）IMGB。2009年，在越南拥有自主码头与港口设备的大规模生产工厂竣工，同年又收购了拥有汽轮机原始技术的捷克Skoda Power公司，掌握了锅炉—涡轮—发电机的原始技术。

斗山重工是一家专门为全球市场提供成套设备的全球EPC企业。公司向国内外成套设备市场提供工业基础材料——铸锻造产品，核能、火力、水力等发电成套设备，海水淡化、水处理成套设备，搬运设备，环境设备等各种设备。

在发电领域中的联合循环余热锅炉（HRSG）市场占有率始终位居世界第一，海水淡化领域的市场占有率也高居世界之首，其中多级闪蒸设备是斗山重工的重要产品，全球市场超过40%的份额。此外，造船领域的核心零部件——低速船舶发动机位居世界第二。冷轧轴辊（Work Roll）、注入模型和水力发电车用水车铸钢产品（涡轮）、大型船舶用机轴等也是世界一流产品。

斗山重工的竞争优势与我国主要企业相比，生产能力等级和我国企业基本一样，但生产效率高于我国企业。铸锻件生产能力与我国企业基本一致，但成套产品的设计、总包和制造优于我国企业。而且斗山重工采取全球化经营，产品多样化、涵盖范围广，有明显的市场优势。

4. 日本制钢所

日本制钢所（JSW）是日本最大的钢铁生产厂商之一，业务领域涉及钢铁材料生产、注塑机、树脂类机械、工业机械制造、坦克及舰载炮制造等。最著名的产品是专供核电厂的压力容器、专用蒸汽发生器以及相关的发电机和汽轮机转子轴等设备。JSW成立于1907年，总部设在东京，隶属于日本三井集团。

日本制钢所主要生产基地包括北海道的室兰制作所、横滨制作所和广岛制作所。其中，室兰制作所拥有3000~14000吨级的液压压力机以及12000吨的管道成型压力机，能够加工600吨重的钢锭。全世界只有该基地能够以这种钢锭来生产核电厂专用的压力容器。室兰制作所的机械工厂装备有可承载350吨重工件的大型车床等，可进行涡轮转子轴的表面加工和孔加工、涡轮转子轴外壳的加工以及压力容器头的超声波检查等。

日本制钢所的优势产品包括核电、火电、水电、海洋、石化容器，以及锻压、节能、冶金成套设备铸锻件和各种复合钢板。日本制钢所还是规模最大的大型锻件制造商，尤其是核电大型锻件，包括反应堆压力容器、蒸汽发生器和汽轮机转子。全球有约130个核能反应堆采用JSW的压力容器及配套设备，在全球核电大型锻件市场上占有80%的份额。

公司的竞争优势主要体现在：成台（套）设备的工程总包能力，有明显的设计和技术优势；拥有世界最先进的大型锻件制造水平；产品多样化、范围广；强有力的市场营销策略、全球化经营；研发能力强。

（三）国内外代表性企业比较

1. 国外代表性企业竞争优势明显

国外代表性企业的特点是拥有强大的核心研发能力，支撑其先进的全面系统解决方案能力、强大的核心制造能力、领先的元器件及控制系统能力。

如德国西门子2005年收购奥地利最大的工业企业奥钢联之后，构建了集冶金、电气、自动化控制等于一体的完整产业链；法国阿海珐通过收购阿尔斯通、日本东芝通过收购美国西屋电气，具备了核电站工程总包能力。它们能够向用户提供定制化解决方案和全生命周期服务，从设计与研发到设备供货与调试，全程参与客户的建设（如电站或钢铁厂等）。

以2013年唐钢集团与西门子奥钢联携手开启全生命周期合作伙伴关系为例，双方在能源环保、提升生产效率等方面找到了结合点，并签署了能源咨询服务合同。西门子奥钢联的专家对唐钢生产过程中的能源消耗进行现场调研和分析，向唐钢提出改进建议。通过调研与分析，西门子奥钢联给唐钢提出优化能源效率的方案，供唐钢进行选择，包括对现有装备的优化，对现有的较老和高耗能的装备进行更新，或更大的投资，如对自动化系统或某些设备的投资等。由此可以看出，西门子奥钢联提供的已经不是简单的产品和服务，而是以客户需求为中心，以其知识和经验为基础，以其产品和技术为支撑的系统解决方案和服务。

在产品结构和市场占有率方面，国外代表性企业的产品多样化、涵盖范围广。企业呈多元化发展，除了重型装备之外，往往还涉及航空、医疗、交通、金融、家庭和商业解决方案。而且国外代表性企业都实现了全球化经营，在自身优势领域占领着国际市场70%以上份额，同时拥有我国市场份额的25%～30%（见表4-5）。

表 4-5 国外代表性重机企业

<table>
<tr><th>企业</th><th>行业主导</th><th>技术来源</th><th>备注</th></tr>
<tr><td>斗山重工</td><td>大型铸锻件</td><td>自主研发为主</td><td>1962 年成立，以电站产业为主，期间与美国 GE/CE 进行技术合作；1980 年开始快速成长</td></tr>
<tr><td>西马克</td><td>成套冶金</td><td>自主研发为主</td><td rowspan="2">战后欧洲钢铁工业的快速重建进程迅速培养了一批具有较强技术能力的工程设计和设备制造企业，交钥匙工程在 20 世纪 60 年代后成为主要建设模式。在石油危机后，欧洲主流冶金工程技术和设备制造企业开始进军国际市场，同时企业之间的兼并重组进程也开始加快</td></tr>
<tr><td>西门子奥钢联</td><td>成套冶金</td><td>自主研发为主</td></tr>
<tr><td>JSW</td><td>大型铸锻件</td><td>自主研发为主</td><td>1907 年设立，主要在其拥有的技术基础上开发新产品和新技术，同时以技术联盟和联合开发来获得相关领域的专有技术并尽快实现商品化</td></tr>
</table>

2. 国内代表性企业差距较大

相比之下，我国重型装备企业仍存在较大差距。主要表现在：国内企业创新能力薄弱，尚不具备提供全面系统解决方案的能力；基础配套能力发展滞后，装备主机面临“空壳化”；制造技术落后及生产流程不合理，产品可靠性低；企业产品结构较单一，以工业装备为主；产业规模小，市场满足率低，以国内市场为主，国际化经营刚刚起步；相关基础设施、服务体系建设明显滞后等。

但也要看到，我国企业的制造能力和技术水平也在不断进步。以加工的钢锭等级为例，日本制钢所于 1985 年制造了 600 吨钢锭；2008 年以后制造了 650 吨的低压涡轮钢锭和 670 吨的低压转子钢锭。到目前累计制造了 100 余件大型钢锭；韩国斗山重工的设备能力也具备制造 600 吨级钢锭的能力；中国一重 2010 年制造成功 600 吨级钢锭，包括 1 个百万千瓦核电低压转子和 4 个特厚板轧机支承辊，2012 年又制造了 1 个 715 吨的 CAP1400 核电低压转子钢锭。国内外代表性企业比较如表 4-6 所示。

表 4-6 国内外代表性企业比较

企业国别	国外企业	国内企业
经济指标	较强运营能力和可持续的盈利能力	运营能力与盈利能力有较大差距
产业结构	业务领域广、产品多样，如美国 GE 涉及能源、航空、医疗、交通、金融、家庭和商业解决方案	产业结构较为单一，以工业装备为主
技术水平	具备全面系统解决方案的能力，如西马克全面向客户提供工艺、标准、设计及技术服务	以制造能力为主，尚不具备全面系统解决方案的能力

续表

企业国别	国外企业	国内企业
国际经营	都实现了国际化运营，如韩国斗山业务遍布30多个国家	国际化经营刚刚起步
人才结构	蓝白领比例大致为3:7	蓝白领比例大致为7:3

三、我国基础性装备产业发展现状和特点

（一）产业业态特点

1. 产业规模不大

与钢铁、石化、电力等行业相比，我国基础性重型装备产业规模不大，营业收入偏小。国内市场以满足国家战略需求为主，长期以来，产业发展受计划经济体制的影响较大，近期受国家产业政策的影响较大。2011 年，主营业务收入前 6 名的企业分别是：太原重工（161 亿元）、中信重工（155 亿元）、北方重工（126 亿元）、大连重工（125 亿元）、中国一重（86 亿元）、二重（70 亿元）。

由于矿山、冶金、石化、电力等重要行业相对依赖国家宏观经济形势、经济政策，当国家采取抑制投资等调控措施时，对这些行业会产生较大的负面影响，进而严重影响重型装备制造业的市场需求。

2. 产业集中度和进入门槛高

长期以来，国内代表性企业一重、二重、上重、中信重工、太原重工、大重起①和北方重工 7 家企业占据着市场绝大多数份额，产业集中度较高。

重型装备制造业是典型的资金密集型行业，企业前期必须投入巨额资金购置现代化热加工设备、特大型数控设备和理化检测设备。由于前期资金投入较大、技术要求高，属于资本、技术密集型行业，并且很多产品需要获得生产许

① 即大连重工·起重集团有限公司，是由大连重工集团与全国起重运输行业龙头企业——大起集团强强联合，经过搬迁重组改造而成的大型企业集团，是国家 520 户重点企业之一。

可证，因此行业进入壁垒较高。

3. 技术要求高，不断挑战制造极限

随着科学技术的进步，基础性重型装备日益走向大型化、一体化、高速化和连续化，对制造装备的技术要求也越来越高，需要不断挑战制造极限。不仅是成线（套）的装备，装备中的单个零件也不断突破制造极限。例如，在能源行业，火电机组的等级从30万千瓦、60万千瓦、100万千瓦逐步升级到超超临界；水电机组的等级由5万千瓦发展至当前挑战100万千瓦机组；压水堆核电升级到先进型第三代AP1000机组。在石油化工行业，因为极限制造技术的突破，大型炼、化工装备使得石化行业成本更低，产品质量更好，材料的利用率更高。这就要求重装企业在攻克一个个制造难题的同时不断挑战制造极限。

4. 企业构成以国有企业为主

国内具有代表性的一重、二重、上重、中信重工、太原重工、大重起和北方重工7家企业都是在计划经济时期建立的国有企业。计划经济体制给这些企业打下了深深的烙印，致使这些企业的生产组织模式、管理模式等与现代工业企业的生产方式相比有较大差距。

（二）产业市场情况

1. 国际市场需求低迷

近年来，受国际金融危机持续影响，世界经济发展在各种新情况、新问题、新矛盾的复杂环境中日趋低迷，下行风险加大，世界经济复苏企稳的进程艰难。导致金融危机发生的深层次结构性问题仍然没有根本性解决，欧美发达国家经济增速放缓的周期加长，导致国际装备市场一直处于低迷状态，产品订单下降。发达国家纷纷提出“再工业化”战略，回归制造业，同时全球贸易保护主义盛行，给世界市场需求及国际市场开拓带来不利影响。

2. 国内市场形势严峻

2008年国际金融危机爆发以后，我国基础性重型装备产业所服务的行业技术改造和扩大再生产基本停止，市场急剧萎缩，钢铁、电站等传统产品需求量明显减少，装备制造业景气指数持续下降。我国重装企业合同订单普遍大幅度下降，合同执行受到挑战，应收账款增幅较大，总体产销增速回落，利润率下滑，很多企业严重亏损。行业利润总额和产品销售收入几个指标落入“蓝灯区”。

3. 市场竞争更加激烈

来自发达国家的跨国公司经过几十年的转型升级发展，已经拥有重装行业的绝大多数核心技术，占据了较大的国际市场份额。如德国西马克、西门子奥钢联、意大利达涅利等优势企业，占据着世界冶金设备市场70%的份额。由于国际竞争力不足和国际贸易保护主义抬头，我国企业进入国际市场更加艰难，出口订货额明显减少。

与此同时，国外同行企业通过与我国一些企业的合作，不断向中国市场渗透，角逐中国市场。日韩等竞争对手在中国采取低价拼抢，国内重机企业的利润空间受到严重挤压。

此外，“十一五”期间的扩张性发展导致行业产能过剩，加之产品需求量明显减少，市场竞争异常激烈，恶性竞争使订货价格一压再压，利润空间持续紧缩甚至亏损。

（三）产业发展存在问题

1. 同业恶性竞争

我国重装行业的低端产品结构雷同、产能过剩，造成同业恶性竞争。从市场份额看，全国七大重机厂主要产品构成有16类产品，其中：二重涉及10类；北方重工有9类；一重有9类；太原重工有9类；大重起有9类；中信重工有7类；上重有6类。竞争激烈的产品主要有矿山、冶炼、轧制、水泥、锻压、工矿配件等。其中，轧制设备市场份额主要在一重、二重、太重；锻压设备主要在太重、一重和二重；冶炼设备市场份额主要在大重起、太原重工、北方重工、中信重工；矿山设备市场份额主要在太原重工、中信重工、上重、北方重工；水泥设备和装卸运输设备市场份额主要在中信重工、北方重工；起重设备市场份额主要在大重起、太原重工；电站产品和炼油设备市场份额主要在一重、二重。

2. 产品领域单一

与跨国公司相比，我国企业的产品领域过窄。如美国GE公司涉及能源、航空、医疗、交通、金融、家庭和商业解决方案等。而国内企业产品领域一般以工业装备为主，涉及能源装备和装备基础材料，环保装备则处于起步阶段。

3. 全面系统解决方案能力欠缺

世界一流的装备企业都是系统解决方案的提供商。如德国西马克公司具备钢铁工艺、标准、设计及技术服务的系统解决方案能力，GE、西门子都具备总承包、集成和研发制造等综合服务能力。

我国装备制造业虽然总量可观，但是替人加工多、原发创造少，处于打工谋生的窘境，多以制造加工甚至简单组装为主，处在全球产业价值链的最低端，缺乏具有系统设计、系统成套和工程总承包能力的制造业企业。由于成套设备生产能力弱，使得我国企业在装备制造业只能赚“小头”，同时难以拥有和发展自我品牌。由于制造与工艺的脱节，使装备企业难以按用户要求开发出新产品，整体装备的设计、开发与系统集成基本靠国外。因此，无论是从国内重型装备服务的电力、石化和冶金等产业发展还是从国家战略层面来看，需要我国装备制造企业必须尽快形成全面系统解决方案能力。

4. 技术水平不高、生产效率低

我国企业普遍处于20世纪五六十年代的技术水平，局限于当时技术和装备等水平，越来越不适应“专业化、自动化、信息化、流水化、绿色化”的生产模式要求，基本生产特点仍然是单件小批、单件无批，因而导致生产效率低、产品质量不稳定、劳动强度高、安全压力大、管理难度大等一系列问题，并最终导致产品成本居高不下，企业竞争力弱。加之伴随着前一轮振兴装备制造业，产能被放大了好几倍，导致该产业低端能力过剩、供过于求，低价无序竞争严重，全行业面临生存危机。

5. 国际化程度低

我国重装企业国际化经营才刚刚起步。一重与国外少数几个国家建立了合作关系，产品销往十几个国家和地区，但涉外业务仅占7%。二重涉外业务占10%，但外贸量小于一重。而韩国斗山企业销售覆盖30多个国家，美国GE公司覆盖全球100多个国家，涉外业务占50%。

6. 领军人才匮乏

国内行业严重缺少能够提出研发战略、研发方向并领导研发团队的领军人才。国家培育的研究型人才（硕士、博士等），特别是一流、顶尖学府的毕业生大多不愿来企业。高级人才一般不落户企业，即便是有，重型装备研制“千年磨一剑”的历程，也使很多急功近利者打退堂鼓，而且越是高端装备，其研制的难度、周期、费用也越大，从而很难让这一行业有人才、出人才，更难培育出人才。特别是在实体经济运行艰难，企业效益不高的形势下，人才成本却逐年增加，企业难以支付有竞争力的薪酬，人才缺失成为企业发展的瓶颈。

四、我国基础性重型装备产业技术创新支撑体系分析

（一）创新技术供给

1. 技术供给现状

我国基础性重型装备产业创新技术供给主要来自以下几个方面：

（1）企业自主研发。国内主要企业的绝大多数核心技术源于自主创新。一重、二重等企业在 20 世纪引进技术消化吸收再创新的基础上，经过几十年的探索和发展尤其是近十年来持续加强自主创新的力度，不断完善技术创新体系及其机构和制度建设，引进了部分海外高端人才和国内优秀人才，不断加大研发投入，实施鼓励创新和研发的措施，通过承担国家科技重大专项，开展了大量工业性试验，自主研发出 AP1000、CAP1400 核电全套铸锻件和主设备、百万千瓦级火电超超临界机组、70 万千瓦级水电机组等整套铸锻件及大型加氢反应容器和大型石化容器等。表 4－7 是一重的技术创新体系架构。

表 4－7　一重四位一体的技术创新体系

层级定位	研究内容	平台构架
基础研究	从事前瞻性、基础性和关键技术研究（材料设计、工艺及装备）	国家能源装备材料研究所、重型技术装备基础科学研究院
工程化研究	承接基础科学研究成果，并根据生产需要以及相关的资源把承接的基础研发成果转化为制造技术	一重集团大连设计研究院有限公司、重型技术装备国家工程研究中心
产业化研究	按照工程化研究及提供的作业指导书和工艺文件，创造出低消耗、高产出、高质量的产品，并负责生产现场协调与管理及技术问题的解决	一重集团下属事业部的技术部门
批量化研究	负责完善专业化生产线。图化图纸工艺，实现产品高效、批量和稳定化产出	各生产制造事业部下属工厂

（2）引进技术消化吸收。改革开放以来，国民经济各行业所需重大装备一直走引进消化之路。采用技贸结合、联合设计、联合制造等方式，企业对引进的技术进行消化吸收，如冶金连铸、连轧设备等。

（3）产学研合作。国内高校和科研院所发挥在理论计算分析、数值模拟、机构优化、基础研究等方面的优势，对实现局部技术突破起到了重要支撑作用。例如，北京机电研究所参与了一重的开合式大型热处理炉、3700毫米筒节轧机，燕山大学、上海交通大学参与了一重的大型伺服闭式四点压力机、重型锻压装备与工艺创新能力平台建设等一批先进设备制造和技术研发，并起到了关键作用。二重借助大型铸锻件数值模拟国家工程实验室的创新平台，与国内科研院校开展产学研合作，联合申报国家重大研究课题，突破700度超高温超超临界机组关键技术，实现重型燃气轮机和微小型燃气轮机的国产化。

2. 主要问题

（1）共性技术供给不足。高端装备的研发需要对基础性、共性技术等重大科学问题进行研究，我国行业相关研究能力比较薄弱，制约了产业的发展。例如，由于缺乏基础性技术研究，不掌握大型铸锻件机理，大型铸锻件的性能质量难以保证。

此外，原有的行业院所转制企业化运行后，尽管在优化资源配置、实现产业化等方面确实发挥了积极作用，但也带来了诸如谁来承担共性技术研发？谁能够作为吸纳高层次研发人才和集聚创新资源的载体等问题。国内缺乏基础性、系统性、共性的公共研发平台或载体，企业可以获得的支撑有限。

（2）企业自主研发能力弱。我国主要的装备制造企业都诞生在计划经济时期，按照专业分工，专注于制造，原有技术体系是以产品设计和工艺等工程化技术研究为主，普遍缺乏系统的研发、工程设计和工艺设计能力，从而难以形成为用户提供全面系统解决方案的能力。尽管近些年部分主要企业已经取得较大进步，但与国外代表性企业相比仍有较大差距。随着装备制造的市场需求开始向大型化、成套化、工程化方向发展，涉及的基础科学、工程技术、产业化及批量化等技术问题众多，企业原有技术体系难以解决不同层面和不同深度的技术问题。

（3）缺乏产学研合作长效机制。产学研合作主要还是停留在技术转让、合作开发和委托开发等层次，而共建研究开发机构、共建经济实体等合作方式尚未广泛开展。同时信息不对称，技术供需缺乏便捷、高效的沟通机制。

（二）创新技术产业化

1. 产业化现状

（1）产业化制造基本依靠企业自身积累的工程设计制造能力和工程实践

经验来完成。如一重的工程化机构主要进行产品设计、制造工艺研究和开发，生产流程优化及再造论证，开发新材料和新工艺。形成产品设计图纸、制造工艺、技术规范、技术标准等，并向自身制造事业部输出。如鞍钢 1780 热、冷连轧成套设备开发，中石化支持大型炼油加氢反应器国产化。

（2）多数国产重大装备产业化是依托国家重点工程的应用和国家重大科技项目的实施所搭建的平台来完成的。由于企业自筹能力低，没有工程业绩的新型装备和产品难以被应用企业所接受等，必须依托重点工程和科技专项推动来完成。如核电技术的产业化。

2. 主要问题

（1）大型铸锻件等关键零部件研制成为重要制约因素。一是大型铸锻件产品试制成本高。重大技术装备大型铸锻件尺寸大、形状复杂、技术要求高、制造难度大，需要解决冶炼、铸造、热处理等一系列技术问题。用户对新研制的大型、复杂铸锻件大多要求先按 1∶1 的比例试制解剖，试制样件重量一般在 200 吨以上，一次制造费用动辄上千万元甚至数千万元，试制成本仅靠制造企业自己负担难以承受。二是企业限于经费、人员、软件能力等方面的制约，大型铸锻件性能质量的提升进展缓慢。三是高端大型铸锻件产品进入市场门槛高。部分核电、超超临界火电等成套设备用的高端大型铸锻件，往往因没有依托工程而得不到实际验证，国内用户为保险起见不愿使用国产大型铸锻件，制造企业也多被用户单位以没有运行业绩为由排除投标资格。

（2）首台（套）应用带来的风险问题。首台（套）设备的研发费用高、投入人力多、研发周期长、研制风险大，虽然国家发改委等部门制定了对首台（套）重大装备的使用单位给予鼓励的政策，但由于应用风险大，能享受政策优惠的企业很少。

（3）制造企业系统开发能力较弱。随着装备制造的市场需求开始向大型化、成套化、工程化方向发展，无论是国内客户还是国外客户都希望供应商能够提供全面系统的解决方案，对企业的工程承包能力提出更高的要求。

一直以来，大型铸锻件技术的发展需求来源于成套设备技术的发展，目前已演变为大型铸锻件技术最终的需求来源于各行业的全面系统的解决方案——系统的解决方案确定了采用的成套设备的功能，进而决定了对大型铸锻件性能和技术的要求。当前，处于重型机械产业生态链核心的是工程总包商，从未来发展趋势看，制造环节在整个产业链中的地位在下降，而重型装备技术发展支撑要求不断升高，由成套设备技术支撑提升至全面系统解决方案。对于企业而言，企业的技术和经营等的话语权仅有制造一个环节支撑是远远不够的，需要从以下两个方面来加强：一是客户现场，企业要深入了解、理解客户的需求，甚至比客户自己还要懂他到底要什么，跟客户打成一片；二是如何整合运用各种资源，去满足客户的具体需求——过去这个过程的中心是工厂，提供给客户的主要是产品，而未来这个中心将逐渐演变成实验室，向客户提供的将是解决方案或服务。这一趋势从近年来众多国际巨头纷纷“从卖产品转向卖解决方案”的潮流中也可见一斑。

（4）信息交流不畅、成果转化机制不完善。本行业不乏国家重点实验室、工程实验室、工程中心，很多的大专院校、科研院所和大型企业均不同程度地获得国家各项科技计划的支持，形成了众多的科技成果。可这些成果信息交流渠道不畅，很多企业根本不了解这些信息，更无从谈技术转移和成果转化了。导致重复研究现象频发，科技资源浪费，大大阻碍了产业的科技进步和发展。

（三）技术创新服务

重型装备产业技术创新服务体系基本缺失。部分高校和科研院所提供一些咨询、设计、测试等服务，如中科院金属所、西安重型机械研究所（已更名为中国重型机械研究院股份公司）可以提供一些检测服务。但总体而言，行业内缺少为企业提供研究开发、技术信息、专业咨询等的专业化服务机构。行业协会在联系政府与企业关系方面发挥了纽带作用，但在产业技术创新服务方面的作用不明显。

上述情况导致产业技术创新服务大多只能依靠企业自己，缺少专业化分工，严重影响了产业技术创新的效率和效果。例如，国内企业都是使用20世纪五六十年代的材料手册，而现代制造技术的进步已经今非昔比，国外行业企业和院校大多拥有自己的材料数据库。类似基础性的研究与数据系统的缺失，大大阻碍了我国重型装备的设计与开发水平的提升。又如，由于缺乏行业信息公共平台，科技信息获取难，企业对国际前沿科技信息获取渠道少、不够及时。行业内信息不沟通也经常导致在引进国外先进技术时，同一技术被国内多家企业重复引进。

（四）政策环境

近年来，国家出台了一系列涉及基础性重型装备产业的政策，主要包括：《装备制造业调整和振兴规划》、《关于加快培育和发展战略性新兴产业的决定》、《高端装备制造业“十二五”发展规划》、《国家能源科技“十二五”规划》、《工业转型升级规划（2011～2015年）》等，上述规划表明了国家把装备产业作为重点发展的战略产业之一，鼓励和引导从事重大技术装备制造的企业围绕高端装备、新能源装备、节能减排环保装备等加强技术创新，以加快产业结构调整和技术升级步伐。

为促进产业发展，国家出台了首台（套）应用等政策。2008年，国家发改委、科技部、财政部、国防科工委联合制定出台了《首台（套）重大技术装备试验、示范项目管理办法》。

国家还通过科技计划及科技重大专项等，对产业技术创新提供支持。行业内主要企业不同程度地获得国家各项科技计划、重大专项的支持，通过重大技术攻关，攻克了一批关键技术难题，突破一些技术瓶颈制约，提升了产业竞争力。

但现有的政策仍有待完善。一是政策缺乏系统性，导致布局不合理、创新资源分散，支持力度不够，呈现“撒芝麻盐”问题。二是政府资源配置对合作创新引导作用不明确。合作创新是提升产业整体创新能力、优化科技资源配置、提高效益的重要途径，尤其在集中度比较明显的基础性重装产业领域，合作创新作用尤为重要。但合作创新难以完全通过自觉、自发的途径形成，不得不需要政府有目的地、系统地引导和推动，通过政府资源的合理配置来带动创新资源的共享和整合。

五、重构我国基础性重型装备产业技术创新支撑体系的设想

（一）建立产业共性技术研发组织

依托现有的国家工程中心或重点实验室，如重型技术装备国家工程研究中心，以参股或者会员形式组建共性技术研发组织。主要开展产业基础机理、共性技术、前瞻性技术研究，整合优势科技资源，促进产业前瞻性、共性技术和机理研究上的突破。

产业共性技术研发组织实行市场化运作，依托各成员需求立项，合作各方共同投资（技术），并积极争取国家科技计划或科技重大专项等的资助，利用各自优势开展分工协作，按成员投入的份额或贡献分享知识产权和利益。

（二）建立产学研用联合体

由装备制造企业发起，包括用户（各大钢铁企业）、研究机构（如钢铁研究总院）、工艺和工厂设计院（如中冶南方、中冶赛迪、中冶京诚等）、设备设计和制造商（一重、上重、二重等）及控制系统研发机构等，组建系统解决方案—基础研究—工艺改进—工厂设计—设备设计—设备制造—设备集中控制—用户现场需求—系统解决方案的全闭环的产学研用联合体。主要目的是整合国内优势资源，发挥各自优势，共同研究产业技术解决方案，为行业提供全面系统的解决方案。

（三）加强产业技术创新服务体系建设

依托上述建立的共性技术研发平台或组织开展面向行业的数据库和检测服务。发挥行业协会在情报信息服务、技术标准、发展战略研究等方面的作用。支持大学和科研院所（包括转制院所）面向行业开放相关的实验或试验设备，为行业提供检测、试验、技术咨询等服务，国家通过补贴、购买服务等形式予以支持。

（四）落实首台（套）国产设备政策

完善首台（套）国产设备政策体系。尽快出台首台（套）国产设备的认定办法或细则，可参照《重大技术装备自主创新指导目录》进行认定，明确认定、受理的责任部门和办法。尽快出台鼓励研制国产首台（套）装备的补偿办法和使用国产首台（套）装备的风险补偿机制。尽快将国产首件大型铸锻件产品纳入《首台（套）重大技术装备试验、示范项目管理办法》政策范围。

建议国家设立装备制造业投资发展专项资金，支持装备制造企业首台（套）重大技术装备市场化，支持用户积极采用国产化装备。

第五章

重型发电装备产业技术创新支撑体系研究

重大装备制造业是装备制造业中最关键、最基础的部分，是国民经济的基础性产业。重大装备制造业的发展水平是一个国家装备制造业综合实力的体现。重型发电装备是重大装备的重要组成部分，重型发电装备产业代表了我国重大装备制造业的前沿水平。本章通过对国内外重型发电装备产业及其技术创新支撑体系分析，提出完善我国重型发电装备产业技术创新支撑体系的构想。

一、重型发电装备产业范围及特征

（一）产业范围界定

1. 发电装备定义及分类

发电装备指通过介质做功驱动各种动力机械，带动各种发电机生产电能的设备总称。按照电源类型，可分为火力、水力、核能、风能、太阳能及其他形式的发电装备。

（1）火力发电装备。由锅炉、汽轮机、发电机三大主机及其附属设备组成，主要以煤、石油和天然气等为燃料，燃料在锅炉中燃烧产生高压高温蒸汽，蒸汽进入汽轮机，使之高速旋转并带动同轴相连的汽轮发电机运转产生电能。通过三大设备完成了化学能—机械能—电能的转换。

（2）水力发电装备。主要由水轮机和水轮发电机两部分组成。水流从引水隧道或压力钢管进入水轮机，推动其旋转，从而将水的落差变成机械能。水轮机带动与其相连的水轮发电机转子共同旋转，与定子形成相对运动，通过切割磁力线将机械能转化为电能。

（3）核能发电装备。主要由核岛和常规岛两部分组成，核岛是利用核能制造蒸汽部分，常规岛是用蒸汽发电部分，包括汽轮发电机组及其配套设施。在压水反应堆核电厂中，常规岛的工艺系统也称二回路系统。核岛类似火力发电的锅炉，其核反应堆中核裂变所释放出的热能通过一回路的冷却剂，在蒸汽发生器中将热量传给二回路或三回路的水，然后形成蒸汽推动汽轮机运转并带动汽轮发电机共同运转产生电能。

（4）风能发电装备。主要包括风轮、齿轮箱、发电机、控制系统四个部分，是把风能转化为机械能，再把机械能转化成电能。

（5）太阳能发电装备。把太阳能转化成电能。可分为太阳热发电和太阳光发电，其中太阳光发电的光伏发电是目前应用的主要形式，即通过光伏板直接吸收太阳光子产生直流电，再通过内置功率调节设备转化为交流电。

世界发电总量构成仍以火电、水电和核电为主，太阳能、风能、潮汐地热等新能源应用正在积极研发和应用推广中。由于世界煤储量比较丰富，石油和天然气储量有限，而再生能源和新能源还有一个发展过程，所以相当长时期火电仍将是世界电力的主要能源，其中煤电占有突出位置。

2. 重型发电装备及其产业范围

随着电力行业更加注重提高资源利用效率、控制污染物和二氧化碳排放的发展趋势，重型化、高参数是发电装备发展的主流趋势。目前新建火电厂单机容量（自备电厂除外）都在600兆瓦以上，最大发展到1200兆瓦；核电单机都在1000兆瓦以上，最大发展到1750兆瓦；水电单机容量在700兆瓦以上。

本书将重型发电装备产业范围界定为：大型火电成套设备，包括600兆瓦以上的超临界、超超临界火电机组（含600兆瓦及以上等级超临界循环流化床锅炉），高效大机组发电（如二次再热机组），未来的700度超超临界发电机组等；整体煤气化联合循环（IGCC）发电机组；重型燃气轮机联合循环机组；大型水力发电机组，如700兆瓦等级及以上水电机组技术；1000兆瓦等级及以上的大型核电站成套机组等（见图5－1）。

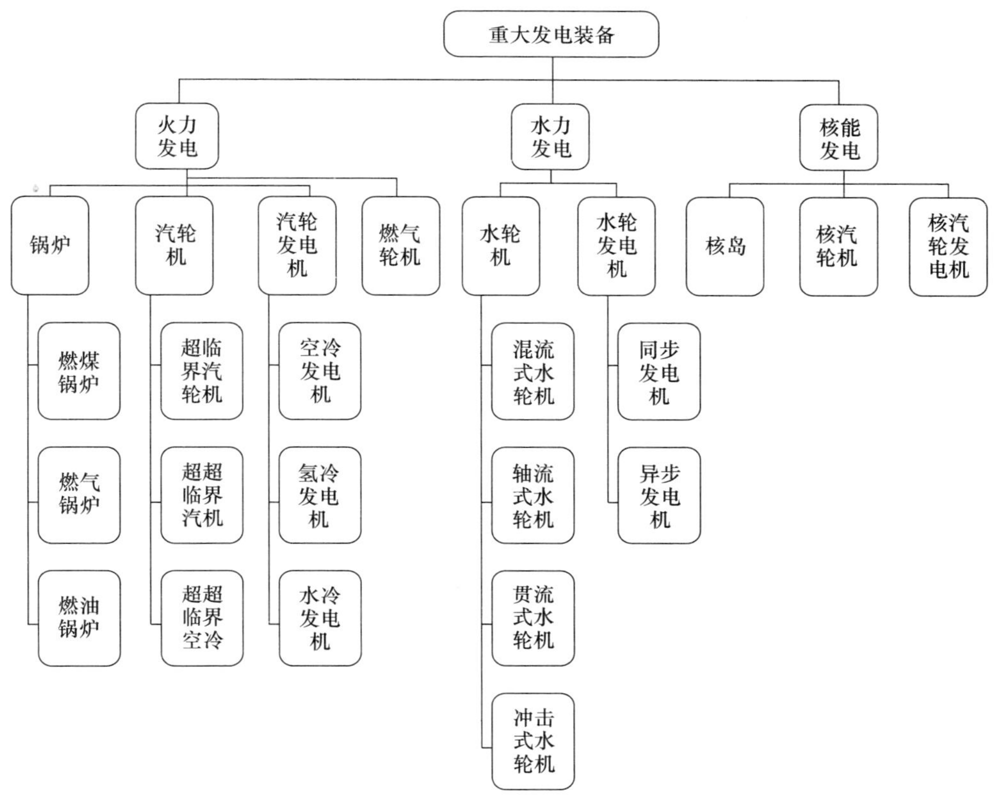

图5-1 重型发电装备组成

（二）产业基本特征

1. 产品结构呈现大、重、复杂、高精尖、集成度高

大体现为产品的尺寸、规格比较大；重是指产品的重量比较大，有些发电装备可达到几十吨甚至百吨以上；复杂是指产品的结构复杂；高精尖是指产品的技术水平；集成度高是指产品糅合了众多技术领域的知识。

2. 技术难度大、成套性强、一般需跨行业配套

与普通装备不同，基本上每套重型发电装备的生产都会涉及设计、研发、制造、装配的完整过程，其中会出现各种新的技术问题需要研究，因此每套装备的生产也是提升技术综合水平的过程。要实行研究、试验、设计、制造、检验、安装、使用、维修直至正常运转的一贯负责制。

3. 产品定制化

重型发电装备由于需要投入巨额资金，客户需要对产品关键部件进行定制以保证产品的品质。

4. 小批量生产

重型发电装备多是一些单台小批量生产的产品，一般都采用项目制方式，按照供货合同进行成套设计、成套制造和成套供货。

（三）产业发展趋势

1. 产业高度集中

国外重型发电产业都是高度集中，以大企业为主。经过不断的兼并，全球发电装备已经被为数不多的跨国公司所控制，市场集中度不断提高，且这一趋势还在继续。如美国通用电气公司（GE）并购阿尔斯通的发电装备，三菱和日立的发电装备部门成立合资公司。而在国内，发电装备制造也高度集中在东方电气、上海电气和哈尔滨电气三大动力集团。

2. 全球化发展

随着经济全球化发展，发电装备制造业的资源配置由一国范围扩大到世界范围，呈现出生产全球化、销售全球化、融资全球化、服务全球化和研发全球化。

3. 主要制造企业呈现行业多元化、产品多样化

国外主要发电装备制造企业一般涉足多个行业，呈现多元化趋势，其产品也呈现多样化趋势。例如，德国西门子公司、美国GE公司等，产品覆盖各种电气产品、仪表、机械、控制产品和系统，形成了多层次的产品结构。

4. 发电装备制造向产业链上下游延伸

发电装备制造企业向产业链上下游延伸是未来的发展趋势。例如，西门子、阿尔斯通的输配电板块都很强大，GE公司为了进入输配电行业，参股了中国西电集团。

5. 高技术化、极限化发展

随着发电装备容量的增大，设备的尺寸和要求也越来越高。重型发电装备制造产业正在朝着高技术化、极限化方向发展。

6. 制造业的服务化

发达国家的发电装备制造企业的服务范围正在拓展和延伸，并把服务视为创造新价值的源泉。例如，西门子发电装备服务业的利润占了整个发电装备板

块利润的 50%。按照行业特点，大规模的服务一般比大规模的装机延后 10～15 年，因此对于中国的发电装备行业来讲，企业生存至关重要的是未来服务业的发展。

（四）国内外代表企业

1. 国外代表企业

世界发电装备市场供过于求，市场竞争激烈。国外著名公司纷纷重组、跨国联合，有的甚至停止生产发电装备产品。例如，美国西屋公司将发电装备产品向外转让；美国通用电气公司（GE）通过国际采购方式而尽量少做普通产品；欧洲的生产厂家几乎都归到德国西门子公司（Siemens）和法国阿尔斯通公司（Alstom）[①] 旗下。有些公司对长线产品实行标准化、模块化设计，专业化生产，全球化采购，以缩短生产周期，降低生产成本，压低产品价格来增强竞争力；而对新产品则实施技术垄断，获取超额利润。

从技术力量、历史装机容量、国际竞争力、研发费用、服务能力、人力资源、质量等各个层面分析，美国通用电气公司、德国西门子公司和法国阿尔斯通公司三家企业处在世界第一梯队，综合实力雄厚，代表了国际发电装备技术发展的三大流派，掌握着各种大型发电装备研发、设计和制造的核心技术，都具备制造单机容量超过 1200 兆瓦机组的能力。

在能源方面，阿尔斯通提供了占世界装机总容量 15% 的设备。阿尔斯通也是唯一能为各种反应堆类型全面设计和制造汽机岛（汽机成套设备）的生产商，全球 40% 的核电站使用了其电力设备。阿尔斯通的阿拉贝拉汽轮机是所有核电技术的核心，被公认为是市场上最先进的汽轮机，具有极高效率，产品覆盖 900～1800 兆瓦整个出力范围。2012 年其发电装备板块销售额为 91.8 亿美元。

通用电气是美国最大的公司之一，拥有 130 年能源创新历史，发电产品占全世界 1/4 的电量生产，生产的发电装备总装机容量占世界第一位，其中重型燃机的世界市场占有率接近 50%。2012 年其电力及水务板块销售额为 283 亿美元。

西门子具有世界先进水平的燃气轮机和汽轮机技术，尤其是在大容量参数的汽轮机方面，在提高进汽压力方面处于世界领先水平。西门子在并购美国西

① 2015 年 11 月，GE 宣布完成对阿尔斯通电力与电网业务的收购，同时将铁路信号业务出售给阿尔斯通。

屋公司发电事业部以后，融合了双方优势，在技术上得到进一步发展。西门子生产的发电装备总装机容量占世界第二位。2012 年其能源板块销售额为 275 亿欧元。

日本企业处于第二梯队。日本企业非常重视发电装备制造技术的研发与创新，从 20 世纪 60 年代从美国引进发电装备技术开始，在引进消化吸收再创新的道路上逐渐提高研究水平，由技术的模仿者转变为技术自立。拥有实力较强的三大公司，即日立、三菱、东芝，几乎占据了日本国内全部的市场份额，其许多发电装备技术已经在世界上处于领先地位。东芝的水电设备占世界第四位。

印度巴拉特重型电机公司占据印度国内 65% 的市场份额，俄罗斯动力机械是俄罗斯主要的发电装备制造企业，以及韩国的斗山重工等，这些企业的竞争力相对较弱，处于第三梯队。

2. 国内代表企业

新中国成立后，通过建立生产基地、引进技术、培养人才，逐步建立起我国的发电装备制造工业体系。1951 年着手筹建哈尔滨电机厂。1952 年 8 月，政务院财政经济委员会正式批准在哈尔滨、上海分别兴建两套发电装备主机生产基地。1958 年在四川德阳建立德阳水力发电装备厂（后改名为东方电机厂）。1965 年决定扩建东方电机厂，产品大纲调整为大电机与水火电并举。1966 年开始兴建东方锅炉厂和东方汽轮机厂。到 20 世纪 70 年代，上海电气①、哈尔滨电气、东方电气成为我国三大发电装备制造基地。我国电力装备在 20 世纪 80 年代初消化吸收引进的 300 兆瓦和 600 兆瓦火电机组设计制造技术的基础上，经过优化和创新，具备了一定的自主设计和大型成套电力装备制造能力，连续多年创下同时也是世界发电装备制造史上的最高年产纪录。

无论从发电机的台量、装机规模还是发电总量，我国均已位居世界第一，水电设备装机产量已经超过美国居世界首位，是世界公认的电站设备制造大国。我国发电装备已出口到世界 30 多个国家和地区，其中东南亚、非洲和中东地区是主要目标市场。中国的三家发电装备制造企业占据了国内 70% 的市场份额，在部分能力上超过了日本的日立和东芝，在世界上大致属于第二梯队。

① 本章提到的上海电气为上海电气电站集团。

二、国外重型发电装备产业技术创新支撑体系分析

世界发达国家的发电装备研发、生产主要由少数大公司主导。下面重点分析美国、欧洲、日本的发电装备产业技术创新及其支撑体系的状况。

（一）美国发电装备产业技术创新支撑体系

美国电力需求近十几年增长缓慢。截止到2012年底，美国装机容量为11.58亿千瓦，其中，气电装机容量约占总装机容量的42.5%、煤电约占29.2%、核电和水电分别占9.2%和8.5%、风电占5.0%、油电占3.6%（见图5－2）。

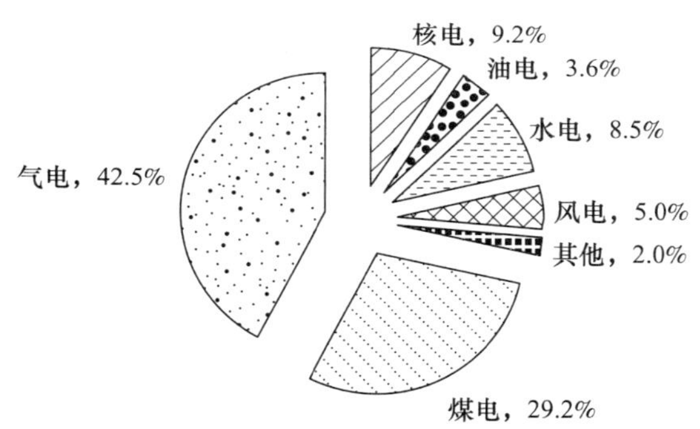

图5－2　美国电力装机结构

美国新装机以气电为主，电源结构调整趋势是增加风电、气电等清洁能源装机比重，降低煤电、油电、核电装机比重，近10年来没有新的核电机组。自2005年以来，美国已取消了150座新燃煤电厂的建设计划，同时关闭了一些火电厂。2012年，美国只有一座新建燃煤电厂并网发电。国内市场萎缩导致发电装备企业纷纷被兼并重组。西屋的火电部分出售给西门子、核电的常规岛部分卖给阿尔斯通、核电的核岛部分卖给东芝公司。目前，美国只有GE一家企业具有成套发电装备生产能力，保留了有限的火电生产能力。

1. 创新技术供给

美国在世界发电技术方面一直处于领先地位，但进入20世纪90年代后，

美国的电力工业尤其常规火电、水电和核电发展滞缓，已开始渐渐失去其原有的优势，许多先进的发电技术的商业化应用往往是在国外而非美国发生。如日本、北欧和中欧各国在大容量燃煤电厂新技术应用方面走在前列；法国和韩国则着力推动核电发展；亚洲各国重点是燃气联合循环和核电；南美重点在推动水电的发展。尽管如此，美国的发电技术在世界上仍占有举足轻重的地位，近些年 GE 的技术创新重点转移到新能源和其他领域。

美国发电装备产业创新技术供给的主体是设备制造企业，科研院所、高校和产业联盟起了一定的支撑作用。美国大型发电装备制造商 GE 的技术供给主要来源于自身的研发中心，长期持续的大规模研发经费投入是其技术领先的根本保证。另外，部分技术来源于国内其他科研机构和跨国兼并。

（1）GE 研究院。GE 是一个多元化的公司，旗下分为五大业务部门：能源基础设施（Energy Infrastructure）、技术部门（Technology Infrustructure）、金融部门（GE Capital）、媒体业（NBC Universal）、消费品和工业品部门（Consumer & Industrial），所有板块都包括产品和服务两部分。其中能源部门分为：发电装备（包括常规能源和新能源，以及需要涉及的各种辅助设备）、工艺过程处理技术及水处理（Water & Process Technologies）。2012 年电力和水力板块占总收入的19%，2011 年占17.4%，如图5－3 所示。发电装备属于电力和水力板块的一个子项，销售收入只占 GE 很小的一部分。

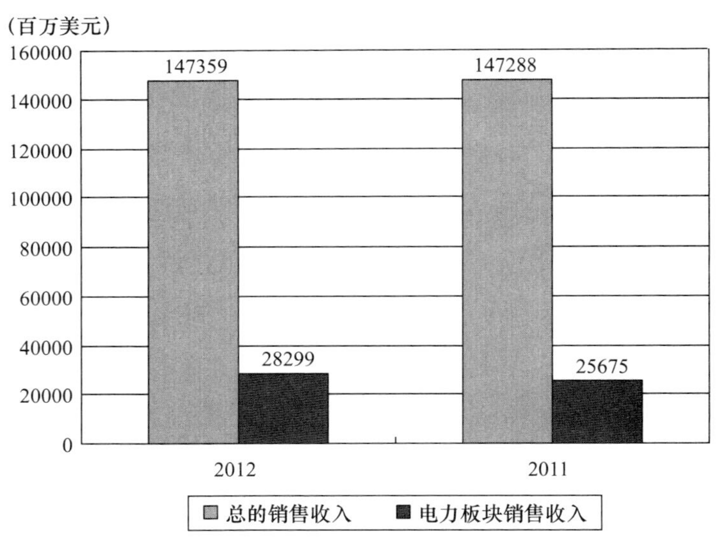

图5－3　GE 电力板块销售收入比重

GE 在 2011 年的研发费用是 39.39 亿美元，占销售收入的 2.6%。其研发中心分布在全球四个地区：美国纽约、印度班加罗尔、中国上海和德国慕尼黑，有 3000 多名研究人员，在 GE 各业务集团还有 27000 名技术人员。但发电装备部分的研发投入和人员没有具体数据。

（2）国家实验室和大学。美国的发电装备研发机构主要有美国能源部能源技术中心（NETL）、刘易斯研究中心等。通过制订燃烧 2000 计划、Vision 21 计划等，政府投入资金、企业自筹一部分资金，开展先进煤电和先进燃气轮机的研发工作。美国相关大学主要开展相关的基础理论研究。

2. 创新技术产业化

创新技术产业化主要由装备制造企业来实现。由于美国的电力消费放缓，容量增长缓慢。很多新技术，如增压流化床技术、整体煤气化联合循环（IGCC）等虽然通过了工业化试验验证，但并没有进行大规模产业化推广。尽管美国的核电站的发电量远比任何其他国家要多，但近年来，却无增加反应堆的计划，联邦政府对核电采取不支持态度。尽管美国从未中断开发新的先进反应堆（如 AP1000），但美国能源供应企业却没有进行工业化推广，相反核电站还受到新的燃气轮机发电机组的威胁。大型水电近些年也没有建设计划。

3. 技术创新服务

美国电力研究所（Electric Power Research Institute，EPRI）成立于 1973 年，是一个非营利的能源和电力科研机构，经费由美国主要的公用电力公司资助。其主要任务是组织、协调并统一规划发电、输电、配电、用电等方面的科研活动以及核能发电、新技术开发利用、环境保护等方面的研究，科技信息的交流等。

4. 政策环境

随着环保意识的增强，美国注重开发洁净高效的煤发电方式。美国新增的装机主要以燃气轮机联合循环机组为主。

20 世纪 90 年代初，美国能源部（DOE）就提出了燃烧 2000 计划，目标是建立一个用于 21 世纪的基本负荷发电的先进洁净的煤粉燃烧系统。该系统的电价将低于以往煤粉燃烧系统的电价。

1999 年，美国能源部提出了火电新技术发展的 Vision 21 计划，提出 15 ~ 20 年工程中采用的先进发电技术研发计划。能源部有关超超临界汽轮机技术的研究项目于 2002 年立项，开发超超临界技术的目标：一是选择先进的材料使得超超临界火电机组的成本具有竞争性、环保可接受并能够燃用高硫煤；二是提高美国发电装备制造商生产的高效燃煤火电机组（超超临界机组）在全世界范围内的竞争力。

美国能源部制订了先进燃机开发计划，组织各有关公司研究部门及大学的技术力量，投入巨额研发资金，分工合作对燃机总体方案、关键部件技术以及与燃机相关的基础课题展开竞标性研究，评选最佳方案。一般政府出一部分资金，企业自筹部分资金。美国先后制定了几期的燃气轮机产业政策和发展规划，主要包括 IHPTETT 和 ATS 计划。IHPTET 计划为期 16 年（1987 ~ 2003 年）是针对航空需求提出的。ATS 计划即先进透平动力系统（Advanced Tubine Systems）计划是由美国能源部主持、政府与工业界共同投资 7 亿美元历时 8 年（1992 ~ 2000 年）的计划。

美国和欧洲合作的 CAGT 计划，即先进燃气轮机（Collaborative Advanced Gas Turbine）合作计划，是一项由美国牵头，美、欧 22 个部门和公司参加的多国计划，主要是将波音 777 飞机配装的三种超级风扇发动机（GE90、PW4000 和 Trent）改为先进的燃气轮机。

（二）欧洲发电装备产业技术创新支撑体系

1. 创新技术供给和产业化

德国西门子和法国阿尔斯通两家公司在欧洲发电装备产业创新技术供给和产业化过程中发挥着主导作用。

（1）西门子公司成立于 1847 年，总部位于德国慕尼黑，是全球最大的电气与电子公司之一。业务主要涵盖信息和通信、自动化和控制、电力、运输、医疗和照明 6 个领域。截至 2010 年底，西门子集团在 190 个国家和地区雇佣员工约 405000 人，销售收入达到 759.78 亿欧元，利润达 77.89 亿欧元。

西门子的中央研究院履行全集团技术创新领导职责，由分布在全球的 11 个重要研究所组成，职责是研究将会影响许多产品和业务领域的核心技术。其各分子公司、事业部及下属机构还有各自的研发部门，主要在与本业务部门相关的有限领域内开展研发活动。2010 年，西门子拥有约 30100 名研发人员，研发资金投入达到 38.46 亿欧元，占全部销售收入的 5.1%。

（2）阿尔斯通公司成立于 1928 年，总部位于法国巴黎西北郊勒瓦卢瓦市，约有员工 69000 人，为遍及全球 70 多个国家和地区的客户服务，是《财富》全球 500 强公司之一。主要包括能源、输配电、运输、工业设备、船舶设备和工程承包 6 大业务领域，在运输和输配电市场居全球第二位。在能源方面提供了占世界装机总容量15%的设备，约460000兆瓦。2010年，实现销售收入210亿欧元，利润总额6.3亿欧元，研发经费6.14亿欧元，约占销售收入的3.1%。

阿尔斯通公司在全球建有40个实验室、研发中心和设计部门。阿尔斯通的创新环保技术已成为业界标准。阿尔斯通为了更好地给员工提供实现企业和个人成功所必需的知识、技能和工具，成立了企业大学。阿尔斯通大学已在许多国家和地区设立了分支机构，以便为员工提供统一的培训课程。

2. 政策环境

欧洲一向强调环保，鼓励使用绿色能源。德国是欧洲最大的经济体，也是电力装机容量最大的国家。德国鼓励使用太阳能及风力等再生能源，规定凡是使用再生能源所发的电力，能够优先送上电网，因而使用再生能源所产生的电力，占据每天中午的尖峰电价时段。德国正逐步关闭核电厂，2013年新建燃煤发电厂的数量也十分有限。根据德意志银行发布的报告，2012～2020年欧洲将大量淘汰老旧燃煤发电厂，总规模达到28GW。这些发电厂规模占到整个欧洲发电量的40%。根据2016年起实施的欧盟指令，电力业者必须关闭不符合环保标准的燃煤电厂，否则便需加装昂贵的污染防治设备。这些政策和环境都非常不利于大型发电装备的创新和应用。

欧洲大型发电装备的研发重点集中在超超临界先进燃煤技术以及先进燃气轮机方面。AD700计划是欧盟1998年启动的一项长达17年的计划，主要目标是开发出蒸汽参数达37.5MPa、700度（主蒸汽）/720度（再热蒸汽）左右的超超临界发电机组，将机组发电净效率提高到52%～55%，最大限度降低燃料消耗量，从而降低二氧化碳排放。

欧盟从20世纪80年代中期起，赞助研究新一代高效率（简单循环效率为40%，联合循环效率为>60%）的先进燃气轮机（EC－ATS）计划。其研究内容和美国ATS计划的第一阶段和第二阶段研究内容相仿。这个计划由叶轮机械研究协会（Turbo AG）来协调和组织，成员包括ABB、宝马（BMW）、戴姆勒·奔驰（Daimler Benz）、罗尔斯·罗伊斯（Rolls－Royce）和西门子等公司。

3. AD700计划

下面以AD700计划为例，详细介绍其组织模式。AD700计划主要分为6个阶段，如表5－1所示。

表 5－1　AD700 计划阶段安排

阶段	描述	时间节点
1A	可行性研究	1998～2000 年
1B	材料性能研究	1998～2004 年
2A	初步设计	2002～2004 年
2B	材料性能示范	2002～2005 年
3	COMTES700 项目	2004～2008 年
4	建设全尺寸示范电站	2006～2011 年
5	运行示范电站	2012～2014 年
6	信息反馈	2012～2013 年

（1）可行性研究和材料性能试验。这一阶段的研究工作由欧盟委员会运输和能源理事会（DG TREN）、瑞士和英国政府共同提供40%的经费支持。组织了包括发电企业、设备制造企业、研发机构共 40 个单位参与，项目协调单位为丹麦电力公司 Elsam。主要工作内容是选择合适的材料并对材料进行试验研究，同时确定最优的热动力循环系统并对锅炉和材料进行设计，通过对燃料选择、除渣、堵塞和排放控制的研究，最终确定锅炉设计参数，也研究了生物质和煤混烧的可能性；由于镍基合金价格过高，考虑使用紧凑设计方案，使蒸汽管线缩短、蒸汽出口联箱更靠近汽轮机。第一部分工作的最终结果是证明了 AD700 技术可行性，并将具有竞争性优势。

（2）初步设计和材料性能示范。这一阶段的研究工作由欧盟委员会欧洲运输和能源理事会（DG TREN）与瑞士政府共同提供 50% 的经费支持，有 35 个单位参加。主要工作内容是设计、制造和测试各种部件。在锅炉方面，研究水冷壁、过热器和较厚管壁的焊接；在紧凑设计方面，对卧式直流锅炉进行审查，审查结果显示这个设计具有降低总体造价的潜力，但对大容量锅炉由于没有经验，必须经过不断放大、示范才能商业化；在汽轮机方面，研究了进气阀、锻造转子、焊接转子、动叶片、静叶片和压力容器的螺栓连接及焊接连接。还为减少镍基合金的使用做了创新性设计研究。通过详细的风险评估，并考虑最新的材料强度和价格，结果表明 AD700 技术是可行的。

（3）COMTES700 项目。由于欧洲第六框架协议不允许支持化石燃料，这一部分政府财政不支持。由煤和钢研究基金与发电集团（EMAX）共同合作开展 COMTES700，主要内容是在有部件试验设备（CTF）的德国 Scholven 电站进行全尺寸部件现场挂炉试验，试验部件包括新材料炉膛管屏、过热器，还有一个安全阀和一个汽轮机进气阀。现场试验开始于 2005 年 8 月，运行期间为 3 年，额定过热蒸汽温度为 705 度，蒸汽流率为 12 千克/秒。

（4）建设全尺寸示范电站。德国 E. ON 公司从 2004 年开始对建设 AD700 示范电站进行可行性研究，计划建设 500 兆瓦示范机组。但由于厚壁部件和蒸汽管道材料 Inconel 617 的挂炉试验结果未达到要求，材料和造价的问题无法解决，示范电站推迟建设。第 5 阶和第 6 阶的也相应推延。

通过欧洲的 AD700 计划可以看到，重大发电技术的研发是一个长期过程，一项新的技术从论证到最终产业化成熟，周期接近 20 年。在技术发展过程中，对政策环境的变化非常敏感，需要政策的长期、稳定支持特别是基础阶段的研发更离不开政府资金的支持，否则技术发展很有可能半途夭折。这些都说明，重大发电技术进步需要长期规划。

（三）日本发电装备产业技术创新支撑体系

日本发电装备产业技术创新走过了一条引进消化吸收再创新的道路，目前有三家发电装备制造商，即三菱重工业株式会社（以下简称三菱重工）、日立制作所（以下简称日立）和东芝电力系统公司（以下简称东芝）。

1. 创新技术供给和产业化

日本的水电通过引进消化再创新，已进入世界先进行列。日本国内水电建设规模不大，各公司（日立、东芝、三菱与富士）70% 以上的水电设备产品供出口。

日本的大型超临界火电机组是后来居上。日立公司 1961 年首先从美国引进首台 60 万千瓦超临界机组。锅炉为美国 BW 公司的 UP（通用压力）直流炉，汽机为美国 GE 公司产品，1967 年投运，1969 年投运第二台仿制机组，1971 年投运的第 3 台机组已完全国产化。从引进技术到利用许可证生产再到采用本国技术制造出成熟的国产化机组，这个过程用了 10 年。继日立之后，三菱重工、石川岛播磨重工、川崎重工等公司分别引进美国 CE 复合循环炉、FW（福斯特惠勒）炉及本生炉，并使之国产化，形成了各自的锅炉技术流派。三大公司从 1974 年起引进西欧的螺旋管圈直流炉技术，从 1981 年起开始超超临界技术的应用研究。

日本 PWR 压水堆核电设备技术从美国 GE 公司引进，1967 年开工建设，1970 年投入使用。当时采用的形式是引进项目及相关技术，其主要设备国产化。到1979年，三菱重工根据建设、运营经验开发出了具有自主知识产权的压水堆核电设备，对压水堆PWR技术进行了改造发展，大大提高了其可靠程度并且安全性得到提高，开动率也得到提升。到1990年，三菱重工在自主技术基础上更进一步研制了第三代PWR压水堆核发电装备，提高了设备的性价比，其运行可靠性和检修方便性进一步得到提升。

三菱重工的重型燃机技术从美国西屋公司引进，经过20年的自主研发，处于国际领先水平。

2. 政策环境

早期的日本发电装备多从欧美国家进口。第二次世界大战后，电力工业进一步发展，为引进国外先进技术，保护国内发电装备制造业的发展，日本政府规定，凡国内不能生产的发电装备，只允许从国外引进一台样机，以供本国参考研制。

日本本土缺乏资源，煤炭主要从美国、澳大利亚、印度尼西亚等国购进。因此国家政策鼓励建设高参数、高效率的发电机组，同时对环保指标要求非常严格。日本在2008年提出了冷地球计划，列出重点发展的21个技术领域，洁净燃煤发电技术列为6个能源供给技术之一。随后日本于2008年推出了有关700度超超临界发电技术和装备研制先进的超超临界压力发电（A－USC）9年发展计划项目（2008～2016年），明确在2015年达到35MPa/700度/720度以及2020年实现750度/700度超超临界产品的开发目标。项目内容包括系统设计、锅炉、汽轮机、阀门技术开发、材料长时性能试验和部件验证等。其中，阀门参与研制单位有日立、三菱、东芝和富士等；锅炉参与研制单位有Babcock、IHI、三菱、国家材料研究中心等；汽轮机参与研制单位有日立、三菱和东芝等。

从1978年起，日本通产省工业技术院制定了主要内容为能源技术研究和开发的月光计划，共有五个项目，第一个就是先进燃气轮机。月光计划研制的高温高效燃气轮机完全依靠日本自己掌握的技术来赶超国际水平。

（四）共性特点

美国、欧洲和日本是世界上经济最发达的经济体，其发电装备的技术水平代表着行业的最高水平。总结三个经济体发电装备产业发展，可以发现几点共性特点：一是由少数大企业主导产业发展，且产业集中度仍在不断提高。二是在技术研发过程中，都由政府制订相应的计划和规划，组织业内企业、科研机构和大学进行联合攻关。三是在基础研发阶段，以政府投入为主。四是在示范应用阶段，以企业投入为主，政府进行资助。

三、我国重型发电装备产业技术创新支撑体系现状

（一）产业发展概况

1. 产业总体规模

进入21世纪，我国电力建设投资明显加速，2001～2012年，发电装机容量年均增长率接近12%，如图5－4所示。

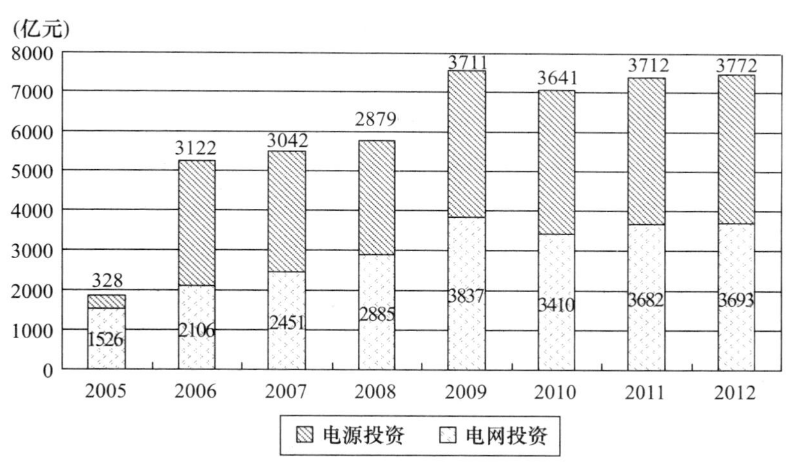

图5－4 2005～2012年我国电力投资额及结构

2001年以后，我国发电装备产量开始高速增长。从2006年起，产量超过1亿千瓦。2005～2012年，我国发电装备产量一直居世界首位。影响发电装备生产的主要因素是电力投资尤其是电源投资。2002年下半年开始，我国电力紧张形势日趋严峻，导致电力行业投资特别是电源投资快速增长，使得发电装备产量快速增长。2004年发电装备产量增速甚至超过90%，如图5－5所示。

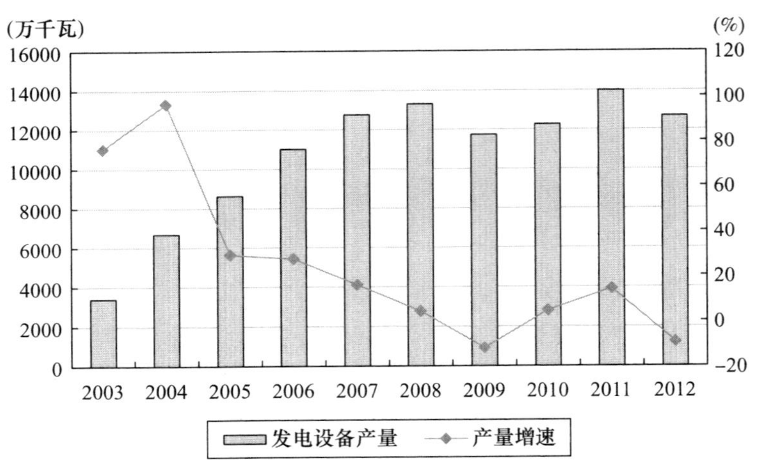

图5-5　2003~2012年我国发电装备产量及增长情况

以产量最高的2011年为例，发电装备产量达到1.4亿千瓦，水电、核电、风电等非化石能源产品产量达到4610万千瓦，占32.9%。2011年发电装备行业完成工业总产值1632亿元，行业主要企业出口交货值267.74亿元，同比增长36.34%。利润总额94.01亿元，同比增长19.15%。

2013年，我国发电装备装机容量和年发电量均已跃居世界第一位，大型高效发电机组（火电水电）几乎100%是国内生产供应的。

2. 产业结构

2013年我国发电装备共完成1.12亿千瓦，同比下降11.9%，其中水电机组1883万千瓦，占16.8%，同比下降18.9%；火电机组7409万千瓦，占66.3%，同比下降8.7%；风电机组1288万千瓦，占11.5%，同比下降14.5%；核电机组599万千瓦，占5.4%，同比下降46.6%。2013年，我国新增发电装机（正式投产）9400万千瓦，其中，水电新增2993万千瓦、火电3650万千瓦、核电221万千瓦。

3. 产业集中度

根据我国电器工业协会2013年统计年鉴，进入统计范围的锅炉及辅助设备制造企业24家，其中大型企业11家、中型企业4家、小型企业9家；汽轮机及辅机制造企业9家，其中大型企业5家；水轮机及其辅机制造企业8家，其中大型企业3家。但是分析各家的产能和产值，我国发电装备生产主要集中于大型发电装备制造企业。

国内的发电装备制造体系包括三大成套发电装备基地（东方电气、上海电气和哈尔滨电气），“三中”发电装备厂（北京电机厂、武汉汽轮电机厂、天津发电装备厂），“十一小”主机厂（南京、杭州、重庆等）和各种辅机厂。从2004年7月我国第一个600兆瓦超临界机组华能沁北电厂建成投产至今，已产出超临界及超超临界机组366台。其中，600～660兆瓦超临界机组263台；600兆瓦超超临界机组40台；1000兆瓦超超临界机组63台。这些设备90%以上是由东方电气、上海电气和哈尔滨电气三大动力集团制造的。

三大动力集团产量在市场上占绝对优势，2003～2012年的产量情况如表5－2所示。10年间三大动力集团占据全国70%的份额，最高年份占到全国份额的78.1%。

表5－2　三大集团历年产量及市场占有率

年份	合计		东方电气集团		上海电气集团		哈尔滨电气集团	
	产量（万千瓦）	占比（%）	产量（万千瓦）	占比（%）	产量（万千瓦）	占比（%）	产量（万千瓦）	占比（%）
2003	2405	70.73	782	22.99	1010	29.70	613	18.03
2004	4718	70.58	1742	26.06	1520	22.74	1456	21.77
2005	6480	75.04	2305	26.70	2042	23.64	2133	24.70
2006	8599	78.10	2986	27.12	2908	26.41	2705	24.56
2007	9294	72.81	3328	26.07	2840	22.25	3126	24.49
2008	9920	74.51	3596	27.01	2814	21.13	3510	26.36
2009	8118	69.25	3133	26.72	2375	20.26	2611	22.27
2010	8423	68.70	3702	30.20	2565	20.92	2156	17.58
2011	9389	67.08	4266	30.48	2890	20.65	2233	15.95
2012	8835	69.66	3592	28.32	2856	22.52	2387	18.82

2013年，东方电气生产了3700万千瓦的发电装备、哈尔滨电气发电装备产量为1992万千瓦、上海电气发电装备产量为2100万千瓦。其中水电完成1322万千瓦、火电完成5693万千瓦、风电完成178万千瓦、核电完成599万千瓦。哈尔滨电气、东方电气、上海电气电站三大集团发电装备产量占全国发电装备总产量的69.7%。

4. *产业技术水平*

国内企业设计制造投运的超临界和超超临界机组发电效率、供电标准煤耗等性能指标均已达到国际先进水平；我国自主开发的700兆瓦以上等级水电机组设计和制造技术达到世界先进水平；第二代改进型核电站基本实现了核电站的自主设计、自主制造、自主建设、自主运营，第三代1000兆瓦核电机组正在开发自主技术的产品；重型燃机和国外还有很大差距。

我国电力设备制造业经过半个多世纪的发展，已经形成具有相当规模、水平和实力的技术开发与制造体系，具备一定的自主设计和制造大型成套电力装备的能力。但由于科技投入不足、自主创新能力薄弱，与国外大企业相比，我国发电装备制造企业在技术上还存在一定差距，成套能力差、核心技术依靠国外、综合竞争力不强。

（1）大型火电装备。近年来，我国火力发电科技水平快速提高。我国600度超超临界机组总数已居世界首位，机组发电效率超过45%。具有自主知识产权的1000兆瓦级直接空冷机组已投入运行（宁夏灵武电厂）。300兆瓦级亚临界参数循环流化床锅炉（CFB）已大批量投入商业运行，600兆瓦级超临界流化床锅炉已通过试运行，投入商业运行（四川白马电厂）。用于分布式热电冷联产的100千瓦和兆瓦级燃气轮机关键技术已取得部分研究成果。已拥有大型火电机组自主知识产权的湿式石灰石—石膏法烟气脱硫工艺技术，已掌握并完成半干法烟气脱硫、海水脱硫等技术的工程应用。具有自主知识产权气化技术的250兆瓦级IGCC机组开始建设示范项目（见表5-3）。

表5-3　我国火力发电技术进展

类别	技术	进展
超超临界机组	600度	数量居世界首位，世界先进水平
	700度	有待突破
直接空冷机组	1000兆瓦级	具有自主知识产权的机组已投入运行（宁夏灵武电厂）
循环流化床锅炉	300兆瓦亚临界参数	大批投入商业运行
	600兆瓦超临界参数	开始投入商业运行
燃气轮机技术	重型燃气轮机	与国际先进水平有较大差距
	IGCC集成技术	自主知识产权250兆瓦级IGCC开始建设

尽管我国已成功掌握世界先进的火力发电技术，电力工业已经进入超超临界时代。但是火电设备设计制造的很多关键技术还未掌握，1000兆瓦等级超超临界机组虽可以在国内生产制造，但并无自主知识产权的主机设计技术，主

机关键配套件和材料仍依赖进口。国内生产的锅炉用钢以及一些大型铸锻件等关键零部件在质量和数量方面都还不能全面满足超临界、超超临界锅炉的技术及生产要求，导致超临界、超超临界电站锅炉等重大装备所需的一些重要原材料依赖进口①。我国引进了 F 级、E 级燃气轮机部分制造技术，但没有掌握设计、核心制造技术和燃机热部件制造技术。国内还没有自主知识产权的重型燃气轮机，也不掌握燃中、低热值合成气的燃气轮机技术。准东煤高效发电技术尚未突破。在环保技术方面，缺乏适合北方缺水地区的大型干法脱硫技术。国内外火电技术水平比较如图 5 -6 所示。

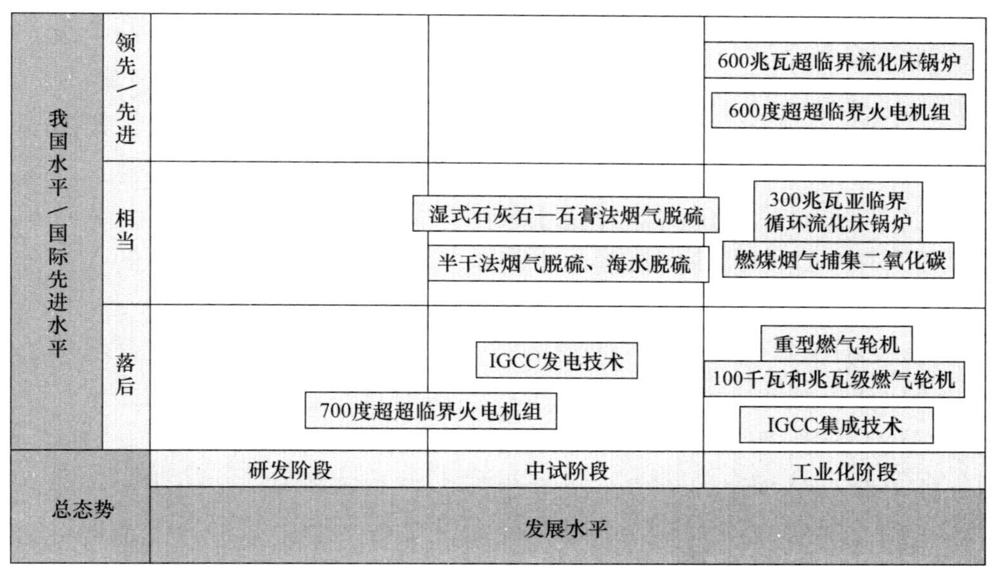

图 5 -6 国内外火力发电技术水平比较

（2）大型水电设备。我国大型混流式、大型轴流转桨式和大型灯泡贯流式等水电机组的设计制造水平已步入世界先进行列。我国在小容量、低水头抽水蓄能电站设计、制造上已有业绩。但在大容量、高水头方面的水力设计，推力轴承和电控技术方面与国外先进水平仍有较大差距。大型混流式机组水力学研究、机组整体设计技术、机组运行稳定性、水轮水力稳定性及运行可靠性方

① 至 2012 年，我国已经成功研发了 T23、T24、T91、T92、T122、S30432 和 S31042 锅炉钢管，完成了市场准入评审，实现了上述产品的国产化。

面与世界先进水平仍有差距。

“十二五”时期，东方电气开展高水头和中低水头段混流式水轮机的研发，哈尔滨电气研发适应于高水头（300 米以上）及低水头（50 米以下）的性能式机组及 100 万千瓦级混流式机组。

（3）核电设备。我国压水堆核电站的技术水平已有较大提高，除了主泵、数字化仪控系统等少数设备外，国内已经具备了设计和制造百万千瓦级压水堆核电机组大部分设备的能力。我国引进世界上最先进的第三代压水堆技术 AP1000，从第五台机组开始，基本实现国产化。

核主泵的可靠性直接影响核反应堆的安全运行。按美国机械工程学会（ASME）的安全等级分类标准，核主泵属于核安全Ⅰ级、质保 QⅠ级、抗震Ⅰ类。对于第三代核电 AP1000 的主泵，哈尔滨电气集团和沈鼓集团在 2008 年与美国 EMD 公司签署了设备分包制造合同。同时，哈尔滨电气集团和沈鼓集团也在进行自主研制。东方电气与法国阿海珐集团成立东方阿海珐核泵有限责任公司，通过技术引进方式开展主泵国产化道路，并于 2009 年 12 月初顺利完成了首台核电主泵设备的研制。上海电气也从德国引进了主泵的生产技术。

（4）燃气发电领域。引进了 F 级燃机（9FA、M701F、V94.3A）和 E 级燃机（9E、M701D、V94.2）的制造技术，并进行消化吸收。2004 年，我国以组装为主生产出第一台重型燃气轮机，本地化率仅 18%。2012 年，除高温热部件和控制系统外，大部分部件可在国内制造，本地化率已达 77%，为重型燃气轮机联合循环机组主设备自主化创造了有利条件。国内正在开展低热值燃气轮机的自主研发。三大动力集团都制定了自己的研发规划，希望全面掌握压气机、透平、燃烧室、仪控（软件）关键部件的整机设计制造技术。

（5）我国发电装备技术发展方向。掌握大型核电、超超临界火电机组、重型燃气轮机、超大型水电机组及大型抽水蓄能机组等重大技术装备及工程系统设计、制造技术，发展具有自主知识产权的发电装备；从发电装备的关键设备（部件）入手，解决关键部件的设计、制造及材料方面的关键技术，全面提高可靠性，研制一批新型高技术、高性能、高可靠性的设备；在新技术应用和新能源发电技术方面取得突破性进展。

5. 面临着跨国公司强势竞争

我国发电装备制造业虽然取得了巨大成就，但面临着跨国公司日益强势的竞争。通用电气、西门子等跨国巨头凭借其技术、人才及资本的优势，在全球范围强化其竞争优势和地位。

（1）整合并购。2000 年 5 月，阿尔斯通收购了原属 ABB 公司的除核电以外的所有发电业务。这些业务已并入阿尔斯通公司电力部门。该部门在全球 70 多个国家开展业务，拥有 50 多个制造基地。2003 年，西门子收购了阿尔斯通的燃气轮机业务，并成立了西门子独资的业务集团，从而将西门子发电集团（PG）的产品和解决方案进一步延伸到了石油天然气领域。现在西门子发电集团拥有了包括中小型燃气轮机（最大功率为 50 兆瓦）在内的完整产品系列和服务。西门子还花费约 20 亿美元收购美国西屋公司的非核电业务。GE 公司收购了挪威克瓦纳能源公司的水力业务，取名为 KGE 公司。

2012 年 12 月，三菱重工和日立决定以双方的火电业务为核心成立一家合资公司，其中三菱持股 65%、日立持股 35%，两家企业将从产品、技术和市场等方面做全面整合，以实现优势互补，最大限度发挥资源的乘积效应，借此增强在海外市场上与德国西门子和美国 GE 等企业竞争的能力。新公司在 2014 年 1 月开始运行。

2014 年，GE 收购阿尔斯通发电业务，希望借此提升自己在发电装备领域的市场占有率和国际竞争力。

（2）实施本土化战略。最近几年，跨国公司不断调整在中国的策略：由投资电厂、电站设备制造转向设备制造和电厂服务产业；由合资参股变为控股或独资，还要求控制技术开发和研究中心，企图清除国内竞争对手；资本投入力度增大，在中国建立研发机构；由向中国市场推出单个产品转向整个系统成套产品，由制造加工转向整机生产、产品开发、市场营销的全过程。

以阿尔斯通为例，阿尔斯通把中国作为其水电发展重地。2008 年，阿尔斯通在天津投资 10 亿元设立阿尔斯通水电设备（中国）有限公司，使之成为阿尔斯通全球最大的水电工厂。迄今为止，阿尔斯通已在中国签署了总装机容量达 43GW 的水轮发电机组合同，直接参与了三峡工程的建设，为向家坝水电站设计、制造的水轮发电机组成为全球单机容量最大的水轮发电机组。火电方面，阿尔斯通和北重（北京）电气装备有限公司于 2004 年 12 月成立合资企业，制造和销售 600 兆瓦及以上等级亚临界、超临界和超超临界汽轮发电机组。后阿尔斯通又追加投资，股份占到 88.32%，北重股份占 11.68%。2006 年 4 月，阿尔斯通以 3.38 亿元，购得武锅股份有限公司 51% 的股权，成为控股股东。通过对武锅和北重的控股，阿尔斯通在中国具备了生产大型火电成套设备的能力。随着 GE 对阿尔斯通的收购，这种能力又转移到了 GE 公司。

(3) 强大的电站服务能力。发电企业已大大缩减了其维修服务人员数量，并将大部分服务承包出去。设备的原始供应商在获取此服务合同方面占有很强优势。在发电装备制造公司的利润中，售后服务所占的份额大大增加。GE、西门子和阿尔斯通的电站服务利润已经占到其发电板块利润的50%以上。

以西门子为例，电站服务开展的业务主要包括以下几个方面：机组技术改造；备品备件；长期服务协议（技术咨询 + 应急抢修 + 日常检修 + 备品备件）；电厂维护、检修、运行等。电站服务的发展速度和规模，在极大程度上依赖运行机组（机、电、炉单机和 EP/EPC）的规模。电站服务的发展滞后于新机组和 EPC 的发展，传统的利润收获高峰期在机组运行的 15 ~ 25 年，通常电站服务的发展滞后新机组和 EPC15 年。电站服务的利润收获期很长。世界上所有成熟的电站装备制造企业包括 GE、西门子、阿尔斯通、三菱、日立、东芝、FW、B&W 均加强在电站服务方面的投入。

(二) 创新技术供给

1. 大企业主导技术引进和自主研发

(1) 技术引进。以火电为例，火电发电装备发展历程如表 5 - 4 所示。几十年来，我国发电装备经历了多次升级换代，设备生产能力和技术水平取得了长足进步。

表 5 - 4 我国火力发电装备发展历程

年代	制造能力	引进技术
20 世纪 50 年代	起步	捷克、苏联（6 ~ 50 兆瓦）火电机组
改革开放初	自主研制 6 ~ 300 兆瓦机组	—
20 世纪 80 年代	技术引进	西屋公司（汽轮发电机组）、美国燃烧工程公司（锅炉）300 ~ 600 兆瓦亚临界火电机组
20 世纪 90 年代	完全掌握并开始出口 300 ~ 600 兆瓦亚临界机组	—
21 世纪	1000 兆瓦超超临界火电机组（完全国产）	三菱（锅炉）、东芝（汽机）、西门子（汽机），阿尔斯通（锅炉），日立（汽机和锅炉）1000 兆瓦超超临界技术

20 世纪 50 年代是我国发电装备制造业创建初期，上海基地引进了原捷克

斯洛伐克中压 6 ~ 12 兆瓦火电机组制造技术，哈尔滨基地从苏联引进了中压 25 ~ 50 兆瓦火电机组制造技术，奠定了我国发电装备制造业的基础。1966 ~ 1976 年，是向大容量、高参数机组发展时期，这时期还为 300 兆瓦及以下机组的研制和 600 兆瓦机组的预研做了大量工作。东方电气于 1975 年制成第一套超高压 200 兆瓦火电机组，同年又进一步开发出双缸双排气 300 兆瓦机组。上海基地于 1971 年制成国内第一套亚临界压力 300 兆瓦机组。这时期我国火电设备制造技术逐步突破国外原有技术，更广泛地借鉴世界先进工业国家的新技术，研究开发更适合我国国情的产品。

1976 年至今，是大功率发电机组上等级、上水平的时期。首先是 100 ~ 300 兆瓦国产机组的完善化，1981 年引进美国西屋电气公司和美国燃烧工程公司全套 300 兆瓦、600 兆瓦主机制造技术及购买部分零部件。在消化引进技术的基础上，经过多年的努力，上海和哈尔滨先后制成引进型亚临界 300 兆瓦和 600 兆瓦火电机组各 1 套。

东方电气与日本伊藤忠商事株式会社/日立制作所株式会社于 20 世纪 90 年代初合作设计、合作生产亚临界 600 兆瓦汽轮发电机组。通过合作，东方电气全面掌握了日立公司具有世界先进水平的 600 兆瓦等级汽轮发电机组的设计、制造技术。

进入 21 世纪，我国火力发电水平大幅度提高。600 兆瓦、1000 兆瓦煤电机组成为新装电力的主力机组，但是原创技术还是从国外引进的。

（2）自主研发。我国发电装备技术创新整体还处于模仿创新阶段。从发电装备产业发展过程看，我国发电装备企业一直是技术转移的受体，但近几年差距已经大大缩小，与国外企业的高端竞争也在不断加剧，通过技术转移和技术贸易获取新技术、关键技术的可能性越来越小。为了未来发展，三大动力都构建了自己的研发体系，发展自主创新能力。

首先，企业研发投入不断增加。东方电气研发投入占产品销售收入比重保持在 3.0% ~4.5% 的水平，年增幅均在 40% 以上，近几年的新产品产值率始终保持在 50% ~60% 。上海电气的研发投入占销售收入比重也超过 4% 且呈不断增加趋势。哈尔滨电气 2008 年、2009 年、2010 年的研发投入占销售收入比重分别为 6.76% 、6.31% 、5% 。

其次，三大动力集团都结合自身实际，建立了各具特色的技术创新体系，具体如下：

东方电气集团对外构建了以企业为主体、战略合作协议为纽带的产学研相结合、资源集约化的协同创新体系。在集团内部以国家级技术中心和国家能源大型清洁高效发电装备研发中心为平台，其中央研究院和各企业研究所紧密联系、互为支撑，形成了覆盖全集团、多层次的研发体系，下设14个研究所和2个管理部门，拥有研发人员4500多人，如图5－7所示。

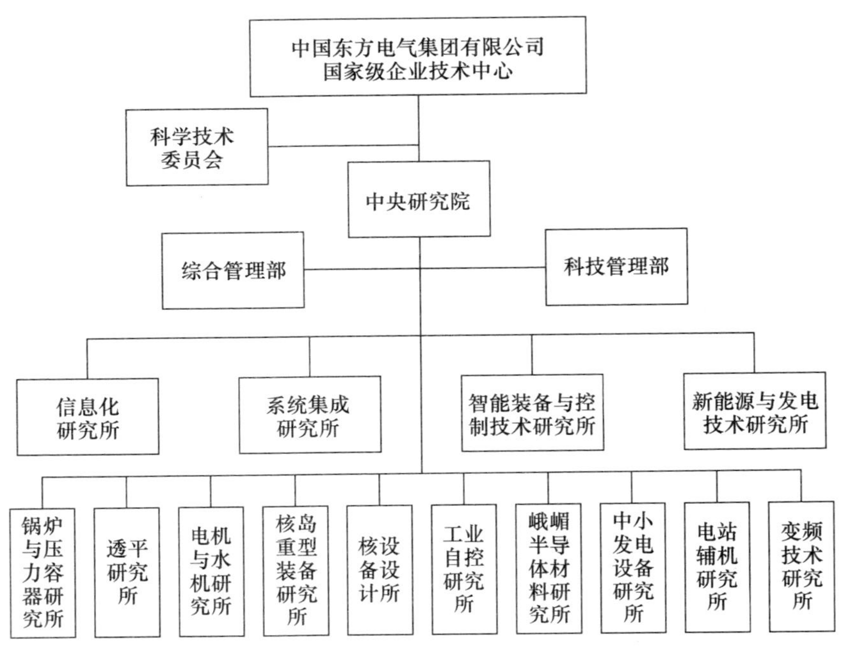

图5－7　东方电气集团技术创新体系

哈尔滨电气集团设有国家级企业技术中心、发电装备国家工程研究中心、国家水力发电设备工程技术研究中心、水力发电设备国家重点实验室以及国家大电机水机理技术监测中心，拥有各类专业技术人员9655人，其中中国工程院院士2人。构建了由基础研究/上游技术、新产品研究开发、制造技术等多层次的技术创新体系（见图5－8）。

电力设备（含电站设备和输变电设备）是上海电气集团的核心主业，占上海电气营业收入的50%以上。上海电气拥有4个国家级和14个市级企业技术中心、2个国家认可实验室、2个行业重点实验室、4个市级工程技术研究中心。上海电气建立了3个层次的技术创新体系，集团层面设有中央研究院，其主要任务是整合集聚科技资源，开展共性技术、关键技术及超前技术的研发；

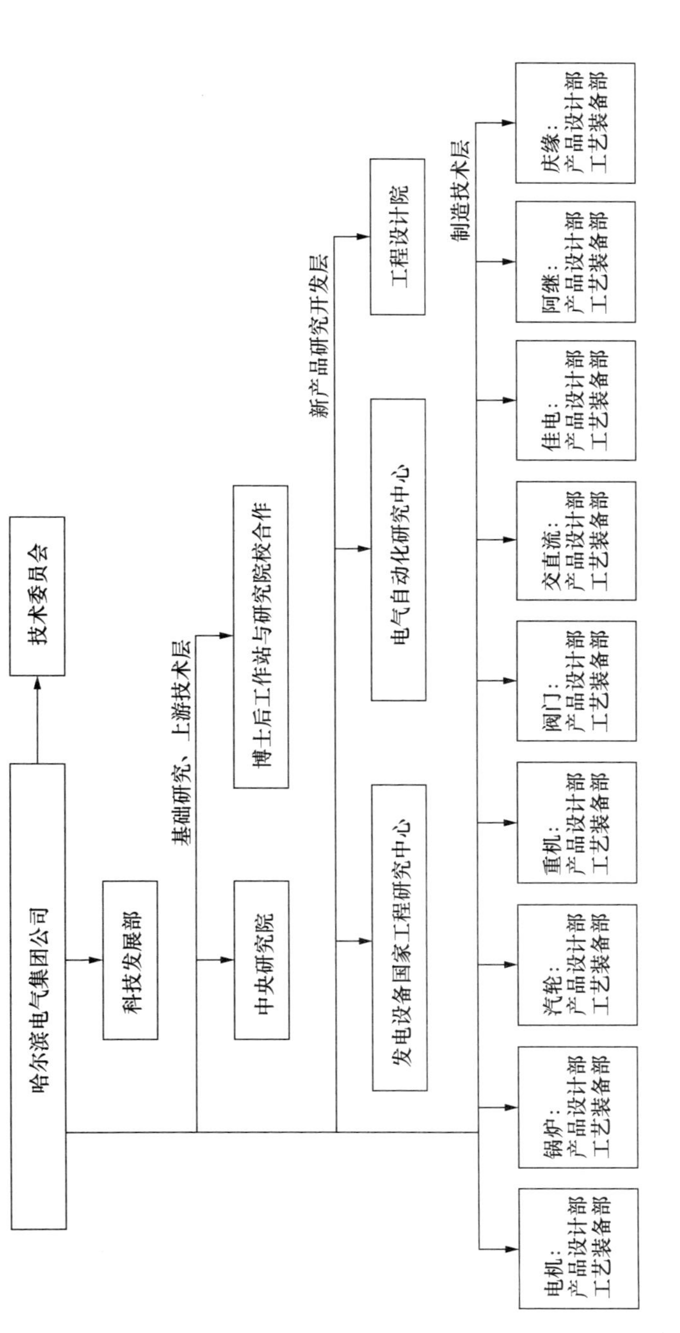

图5－8　哈尔滨电气集团技术创新体系

注：佳电：哈尔滨电气集团佳木斯电机股份有限公司；庆缘：哈尔滨电气集团庆缘电工材料股份有限公司；阿继：哈尔滨电气集团阿城继电器有限责任公司。

产业集团层面技术中心负责中长期新产品开发及必要的核心技术研发，加强设计能力和集成能力的研发，在专业技术领域形成核心技术；各企业技术中心负责开发短期新产品及研究如何改善产品性能和降低成本，提高产品的技术含量和质量水平，向精、专、特、优发展（见图5－9）。

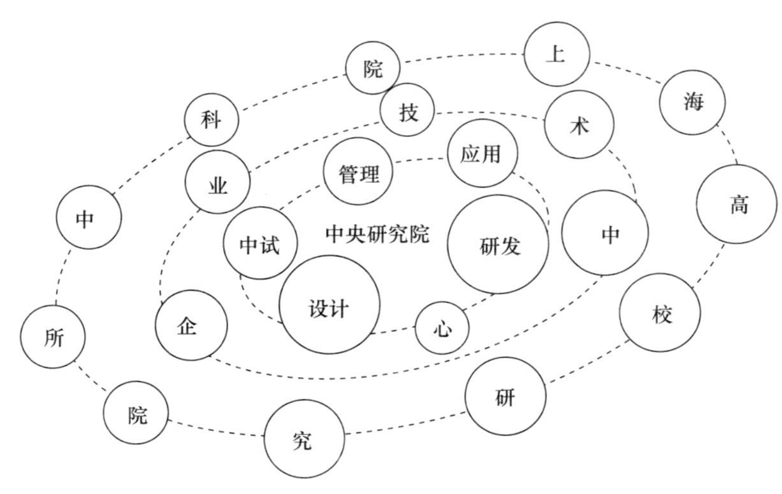

图5－9　上海电气集团技术创新体系

2. 高校和科研机构

我国设置热能动力工程专业、核电和水电的高等院校，以教育部所属和省属本科院校为主。例如，清华大学、浙江大学、西安交通大学、华中科技大学、上海交通大学、哈尔滨工业大学等高校，除独立开展研究外，还通过和发电装备制造企业进行项目合作的方式向企业输送基础技术。

企业非常重视与高校和科研机构的合作。上海电气与清华大学、上海交大、中科院有关研究所、上海发电成套设备研究院、华能集团等，建立了多家产学研用联合体，如与上海交大、上海发电装备成套设计研究院共同成立了上海市燃气轮机工程研究中心，合作研究开发项目200余项。东方电气也与浙江大学、清华大学、西安交通大学签署了大量的科研项目和人才培养协议。

3. 产业技术创新战略联盟

发电装备领域的技术创新战略联盟是由国家有关部门主导成立的，也有企业自发成立的。国家700度超超临界燃煤发电技术创新联盟是由国家能源局主导成立，目标是争取在“十二五”末期建立示范电站。二氧化碳捕集、利用与封存（CCUS）产业技术创新战略联盟是由国家科技部推动建立的，近期（2011～2015年）主要任务是关键技术研发、集成、中试和示范，建立产学研一体的产业技术创新战略联盟。中期（2016～2020年）主要任务是进行中、大规模CCUS全流程示范，形成一批具有世界先进水平的研究团队和核心技术。远期（2021～2030年）主要任务是建立产业化CCUS设计、建设与运营能力，形成CCUS产业核心竞争力。

（三）创新技术产业化

1. 大型发电装备制造企业

由于大型发电装备制造业高度集中，创新技术产业化主要由大企业来集成实现。我国重型发电装备技术产业化主要集中在三大动力集团。1000兆瓦超超临界机组、600兆瓦千万超临界循环流化床锅炉、1000兆瓦等级核电常规岛、F级燃机联合循环机组、700兆瓦以上等级巨型水电几乎100%都是由三大动力集团完成的。600兆瓦超（超）临界95%以上的机组也是由三大动力集团完成的。

2. 国家工程（技术）研究中心

一类是依托企业建立的国家工程（技术）研究中心，这类工程中心本身就是大企业创新技术产业化的孵化器，在创新技术工程化、产业化过程中起到积极作用；另一类是依托高校或科研院所建立的工程（技术）研究中心，这类中心在科研成果转化、工程化等方面也发挥一定作用。

3. 产业技术创新战略联盟

近年来，涌现出的产学研用相结合的产业技术创新战略联盟，如700度超超临界燃煤发电技术创新联盟等，在加速科技成果产业化、促进产学研用协同，为最终由三大动力完成的创新技术产业化发挥了积极的促进作用。

（四）政策环境

发电装备制造技术创新投入大、项目研发周期长。以东方电气的30万千瓦汽轮机为例，从立项研发到成熟，前后经历了近20年的时间。因而产业技术创新受国家政策影响较大，在进行技术选择时，必须充分考虑国家相关政策，对国家政策走势有较准确的预期。

1. 战略规划

国家在“十二五”期间出台了一系列规划，如《能源发展“十二五”规划》《国家能源科技“十二五”规划》《可再生能源发展“十二五”规划》等，对大型火电、水电、核电和燃气轮机未来的发展目标、技术发展方向等提出明确要求，部署了未来10年有望取得突破的重大前沿科技项目，如700度超超临界机组、高温高强度材料、高温气冷堆示范工程、大型先进压水堆核电示范工程等。

2009年5月，国务院发布《装备制造业调整和振兴规划》，明确在发电装备领域，依托国家重点工程与项目、实施重大装备自主化。提出要以核电站建设工程为依托，推进核电设备自主化；进一步提高70万千瓦以上水电设备、大型抽水蓄能机组、百万千瓦级超临界/超超临界火电设备、大型燃气机组、垃圾焚烧发电装备等技术装备的性能质量；发展大型火电、核电站辅机。规划提出建立使用国产首台（套）装备的风险补偿机制，为国内企业自主研发新产品提供一个良好的市场机制和政策环境；加强中央预算内投资项目的设备采购管理，确保自主创新设备采购方案的落实；对确有必要进口的关键部件及原材料免征关税和进口环节增值税，在对铸件、锻件、模具、数控机床产品增值税实行先征后返的政策到期后，研究制定新的税收扶持政策，调整政策适用范围，引导发展高技术、高附加值产品。

2012年，国务院印发《“十二五”国家战略性新兴产业发展规划》，提出实施大型先进压水堆及高温气冷堆核电站科技重大专项，建设示范工程。研发快中子堆等第四代核反应堆和小型堆技术，适时启动示范工程。发展核电装备制造和核燃料产业链。到2015年，掌握先进核电技术，提高成套装备制造能力，实现核电发展自主化；核电运行装机达到4000万千瓦，包括三代在内的核电装备制造能力稳定在1000万千瓦以上。到2020年，形成具有国际竞争力的百万千瓦级核电先进技术开发、设计、装备制造能力。

上述规划明确了重型发电装备产业在国民经济中的战略地位，对产业发展及其技术创新产生了重要影响。

2. 科技计划

国家“863”计划的先进能源领域在“十五”、“十一五”和“十二五”期间都支持了大量与发电装备有关的项目。如“十五”期间支持的超超临界燃煤发电技术项目，由原国家电力公司、中国华能集团公司和中国电力投资集团公司牵头，三大动力集团等制造单位、电力设计院、高等院校及行业学会共23家单位共同承担。通过该项目实施，采用产学研相结合的模式，在国内组建了一流的研发团队，项目成果于2008年获得国家科技进步一等奖。

国家“973”计划也支持了一批与发电装备相关的项目，主要集中在煤炭清洁利用、电力系统有关的科学问题等。研发重点为产业发展过程中的基础问题，主要承担单位为大学和研究所。

国家科技支撑计划在“十一五”和“十二五”期间支持的项目有超临界循环流化床、发电装备蒸发冷却技术、富氧燃烧技术等。

国家科技计划的扶持对发电装备产业发展及科技进步具有重要促进作用，在一定程度上扶持了一批龙头企业成长壮大。

3. 优惠政策

（1）“首台（套）”政策。2006 年，国务院出台的《关于加快振兴装备制造业的若干意见》，提出“鼓励订购和使用国产首台（套）重大技术装备”的政策，要求有针对性地安排一批重大技术装备自主化依托工程。2006 年，国家发改委、科技部、财政部、国防科工委联合制定了《首台（套）重大技术装备试验、示范项目管理办法》。

（2）进口税收政策。2012 年 4 月，财政部、工信部、海关总署和国家税务总局联合发布《关于调整重大技术装备进口税收政策有关目录的通知》，对重大技术装备进口税收政策有关装备和产品目录、进口关键零部件和原材料目录、进口不予免税的装备和产品目录等予以调整。规定凡符合规定条件的国内企业为生产新目录中所列重大技术装备和产品而进口的清单中相关零部件和原材料商品，免征关税和进口环节增值税。

（3）实施打捆招标政策。以燃机为例，2001 年国家决定以技贸结合的方式，引进 E 级和 F 级燃气轮机及其联合循环技术，以促进国内燃气轮机产业发展和制造水平的提高。国家发改委先后组织了 3 次共 50 台的机组，共约 1800 万千瓦燃气轮机市场换技术的“打捆招标”。采用同样方式的还有抽水蓄能机组等。

四、我国重型发电装备产业技术创新支撑体系存在的问题

我国的发电装备企业技术创新能力与跨国巨头的创新能力相比仍有较大差

距，除了与国内国际的竞争环境有关外，与产业技术创新支撑体系不完善密不可分。

（一）主要装备制造企业研发能力不足

在发电装备产业中，主要装备制造企业已经成为研发投入的主体，企业技术创新体系也基本建立起来，但创新能力还有待提高。

1. 经济实力弱，研发投入不足

我国发电装备制造产业规模得到空前发展，且早已成为世界发电装备制造大国。三大发电装备集团中的任何一家，其发电装备产量均保持在3000万千瓦左右的高位水平，都居世界前列。但无论是从销售收入还是利润来衡量，我国都无法与跨国巨头们相提并论。

以2010年为例，从销售收入看，三大动力集团与通用电气、西门子、阿尔斯通等的销售收入差距仍较大。如东方电气仅为通用电气的1/21，西门子的1/15，为阿尔斯通的1/4，如图5－10所示。

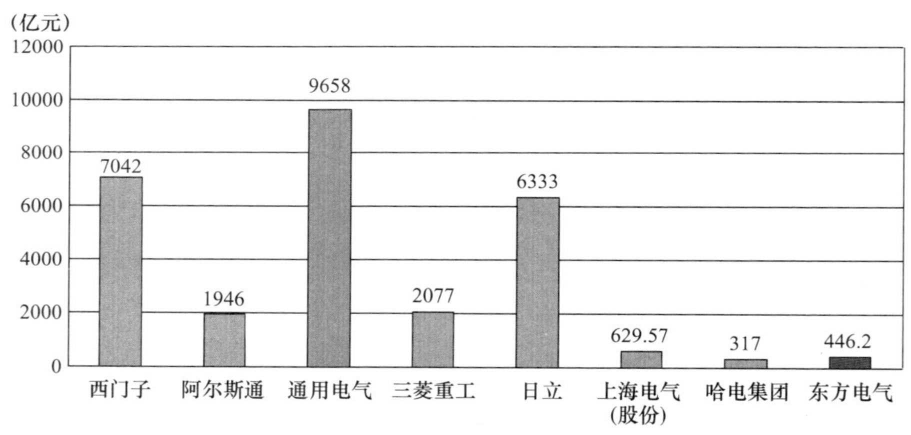

图5－10　2010年国内外主要企业销售收入

国内企业由于规模偏小，导致研发投入不足，造成行业整体研发费用偏少。以西门子公司为例，每年研发投入都占销售收入的10%左右，而我国发电装备制造企业的研发投入只占销售收入的3%～4%（销售基数少，投入总数就更少，如图5－11所示）。研发投入不足是造成企业技术创新能力弱，产品更新换代慢的主要原因。

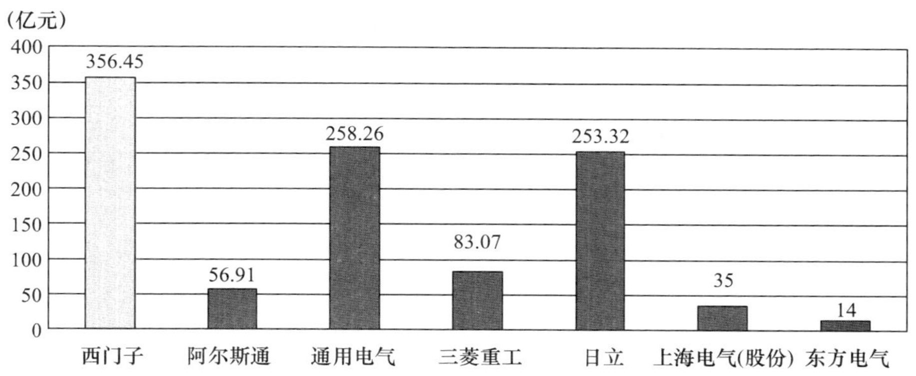

图 5－11　2010 年国内外主要企业研发费用

发电装备制造作为资金—技术密集型产业，加上其本身的产品、市场和技术特点，是范围经济比较显著的产业。国际上的发电装备制造企业基本上都是从事多元化经营的巨型跨国公司，如表 5－5 所示。如通用电气公司在其动力系统（即发电装备系统）外，还从事航空发动机、医疗器械、工程塑料、金融服务等多元化产品或服务的经营；西门子也从事包括发电装备制造、交通运输、通信、家用电器、计算机等多元化经营。规模巨大和产品多样化为抵御市场、技术风险提供了保障。如西门子的发电装备，在 1995 年以前刚进入中国市场的前 10 年几乎全是投入，如果没有多元化经营效益的支撑，是很难维持并在 10 年后拿到大量订单的。

表 5－5　国内外主要发电装备制造企业的业务领域

企业	领域
西门子	信息和通信、自动化和控制、电力、运输、医疗和照明六个领域
阿尔斯通	能源、输配电、运输、工业设备、船舶设备和工程承包六大业务
通用电气	金融、商务融资、能源、医疗、基础设施、NBC 环球和交通运输产业领域
三菱重工	机械、船舶、航空航天、原子能、电力、交通等领域
日立	电力系统、信息通信系统、社会产业系统等领域
上海电气	电力设备、机电一体化设备、交通设备、环保系统、重工设备、机械基础件、压缩机七大产业板块
哈尔滨电气	水电、煤电、气电、核电、舰船动力装置和电气驱动装置、电站成套设备交钥匙工程六大主导产品
东方电气	发电装备产业（水电、火电、气电、核电、风电）、现代制造服务业、环保和水处理、电力电子、太阳能产业、工业透平

我国发电装备制造主要企业中，除上海电气的产业较齐全外，哈尔滨电气、东方电气都是以单一经营发电装备为主业的。与上述跨国公司相比，我国企业明显表现出经营规模小、抵御风险能力弱的劣势。重型装备的研发周期都很长、投入大，对产业单一的国内发电装备制造企业来说压力巨大。

2. 人才结构不合理

我国三大动力集团的技术人员比例较低，专职研发人员更少。相比跨国巨头，西门子公司 2010 年拥有约 30100 名研发人员；GE 研究院有 4000 多名研究人员，有 2 人获得过诺贝尔奖，在 GE 各业务集团还有 27000 名技术人员。因此，高端人才短缺已经成为制约我国发电装备产业技术创新的突出问题。现阶段，三大动力集团都在实施“走出去”战略，积极开拓国际市场，但通晓国际运作规则和惯例、懂得国际风险管理、跨国文化管理、世界法律体系等的高素质国际商务人才严重不足。

我国三大发电装备企业都是国有企业，受多种因素制约，收入分配未完全体现劳动力的市场价值，研发人才的收入低于外资企业同等人员的收入，人才有很大的流离动力。

3. 技术积累相对少

我国装备制造企业的规模和实力都上了台阶，600 兆瓦、1000 兆瓦火电机组和三峡 700 兆瓦水电机组的技术引进消化吸收再创新比较成功，不但满足了我国的建设需要，而且还可以承揽国外电力装备的成套工程。但我国企业与跨国公司相比仍然有较大差距，三大动力集团虽然都建立了自己的技术创新体系，但研发机构成立时间较短，缺乏管理运行经验。三大动力集团的消化吸收再创新能力和集成创新能力有了显著提高，但原创技术较少，缺乏技术积累。尤其在大容量、高参数、高技术含量装备的设计制造，技术开发的速度、产品性能以及资金投入和管理水平等方面还有很大差距。我国电力装备制造企业面临在国内外市场上与过去的“老师”直接竞争的局面，技术积累薄弱的影响日益显现。

以火电为例，发达国家早就开始布局先进火电的研发，集中体现在五个方面：一是 700 度超超临界发电技术，欧洲、美国、日本相继提出了新一代超超临界发电技术研发计划，目前处于高温材料研究测试试验阶段；二是整体煤气化联合循环（IGCC）技术，向增大单机容量，提高供电效率、改善物料适应性，提高运行可靠性、降低投资方向发展；三是富氧燃烧技术，核心的专用氧燃烧器、氧燃烧锅炉、发电系统、空分、系统安全经济运行等方面技术是国际关注热点；四是汞（Hg）、PM2.5、氧化氮（NOx）、氧化硫（SOx）等多污染物一体化脱除技术，目前仅有加拿大、美国、中国和欧盟等少数国家和地区对控制燃煤 Hg 排放提出过要求，研究重点是在一个装置内同时脱除多种污染物；五是大型重型燃机技术。以上这些技术中国虽然也在研发，但原始技术积累少、起步晚，发展实践也比较短。同时，对于原材料研究也相对不足，虽掌握了材料的应用技术，但关键原材料仍依赖进口。

（二）企业外部技术供给能力缺失

1. 共性技术供给主体缺位

以西安热工研究院、上海发电装备成套设计研究院为代表的行业科研院所在转制前，承担着行业共性技术研发和提高行业技术水平的任务。这些院所转制后，更加注重创新成果应用，对前瞻性、共性技术的研究缺乏积极性。由于没有新生力量取代原先行业科研院所承担的功能，在现有的产业技术创新中存在共性技术研发的断层，外部力量无法为企业的产品和工艺创新提供持续的技术来源。

2. 高校应用研发能力不足，成果转化途径不畅

高等院校主要从事基础研究，尽管也有一些应用基础研究，但距离市场较远。加之高校管理体制的制约，产学研结合机制尚不完善，导致高校的很多科研成果转化成功率较低。许多科技成果是科研人员在实验室条件下取得的，提供的样品、样机与企业产品批量生产之间存在生产条件的差异，提供的生产工艺还需要经过现场放大实验，企业接受的技术转让成果往往还需要进行进一步的深入开发才能应用。

（三）企业系统集成及工程总承包能力弱

世界范围内装备制造业的服务化倾向越来越明显，服务逐步成为装备制造企业的主流业务，包括市场调查、项目可行性研究、产品开发或改进、系统设计、生产制造、销售、安装、调试、运行与维护，一直到产品的终身服务全过程，涉及产品的整个生命周期。工程服务加强了装备制造企业与用户的结合，延伸了服务内涵。而我国装备制造企业的服务能力恰恰是弱项。

以西门子的发电集团为例，可以为化石燃料发电提供高效的产品和解决方案，产品范围涵盖燃气轮机、蒸汽轮机、发电机以及“交钥匙”电厂。能为整座电厂和其中的动力设备（如燃气轮机、蒸汽轮机、发电机和压缩机等）

提供综合性服务，包括运营、维护等服务。系统设计是由集团内部的设计咨询公司来完成，调试也是由内部部门来完成。

我国的发电装备产业在计划经济体制下建立形成条块分割的布局，发电装备制造企业只具备装备产品的设计和制造能力，国内电站建设过程中也仅仅局限于对发电装备主机（如锅炉、汽轮机、发电机）单机采购，这样的模式把企业局限于设备加工环节。而国际市场上通常做法是业主对电站项目以设备成套或 EPC 工程总承包方式招标、企业以成套供货或工程总承包的方式向业主提供完整服务，这使我国企业在参与国际竞争时很不适应，同时也造成我国装备制造企业的电站工程总承包管理能力低、服务能力弱。主要表现在：

一是发电装备制造企业不具备电站系统设计能力。我国的电站设计全部由原隶属于电力部系统的六大电力设计院以及数十家省级电力设计院来承担，目前这些设计院都合并到中国电建和能建集团。

二是缺乏电站工程安装、土建方面的能力和经验。国内电站建设由电力系统所属的电力建设企业承担工程的土建和设备安装，致使我国装备制造企业在国际项目上的施工组织管理能力薄弱，往往以合同方式依赖于有关电力建设企业。

三是缺乏电站系统调试能力，国内电站建设中也是由电力调试所完成电站调试工作。

（四）国家资源配置对产业技术创新导向不明确

虽然各发电装备制造企业都不同程度地获得国家各项科技计划的支持，但国家资源配置对产业技术创新导向不明确，主要体现在以下三个方面：

1. 鼓励合作创新导向不明确

发电装备是资金、技术密集型产业，其技术研发投入巨大。我国三大动力集团同为国有企业，由于国家鼓励合作创新的政策导向不明确，三大动力经常开展同样的研究，解决同样的问题，造成国家资源浪费。国家应鼓励合作创新，避免重复研制。

2. 鼓励前瞻性技术开发导向不明确

我国发电装备研发制造与世界先进水平相比还有差距，一些关键技术存在空白，前沿技术和稀缺技术有待加快确定技术路线，形成有效的开发机制。三大动力集团都看到了未来技术发展的方向，也都规划了庞大的技术研发计划，但是国家鼓励前瞻性技术开发导向不明确，使得很多的前瞻性技术开发无法落到实处。

3. 鼓励共性技术开发导向不明确

共性技术处于竞争前阶段，具有很强的关联性和广泛的适用性。共性技术一旦突破，可以形成整个行业的技术优势，如关键材料。国家对于发电装备产业共性技术开发导向不明确，导致企业在共性技术研发方面投入不够。

五、完善我国重型发电装备产业技术创新支撑体系的构想

我国已经发展成为发电装备世界第一生产大国，生产的部分装备产品已经达到或接近世界先进水平，并以较大规模走出国门，在特定区域市场形成较高知名度和良好声誉，是有可能具备较高国际竞争力的重要产业之一。根据我国重型发电装备产业及其技术创新支撑体系的现状和问题，借鉴国外发电装备产业的发展经验，提出完善我国重型发电装备产业技术创新支撑体系的构想。

（一）建立共性和前瞻性技术研发机构

大型成套发电装备由于系统复杂、产品品种多、研制周期长、投入开发资金多、成套开发管理难度大，产品从前期开发到形成批量生产，一般都要经过产品开发、扩大试验、工程示范及定型推广等阶段。而我国目前尚缺少前期成套技术开发的基础，并且还受到用户立项定点、开发资金匮乏等因素的影响，仅靠单个企业往往势单力薄，难以为继。因此，国家应通过政策调控，充分发挥制造企业、设计院以及高等院校的科研力量，建立共性和前瞻性技术研发机构。

机构的主要功能是开展产业前瞻性、关键共性技术的研发，如超超临界700度火电技术、重型燃机技术、巨型水电技术等，打破目前存在的技术不能共享、各自为战的局面。同时起到培养人才的作用，支持并形成一支高水平、精干的研究队伍，搭建产学研协同创新的平台。

政府相关部门应加大对共性和前瞻性技术研发机构的支持力度，尤其对那

些投资大、见效慢，但对整体行业发展具有重大意义的共性技术研发，应通过科技计划或重点专项等给予资金支持。

（二）强化大企业研发体系建设

我国三大动力集团都建立起研发体系，具备了一定的研发基础，但与跨国巨头相比，在研发水平、技术积累、研发投入、研发队伍、科研设施等方面仍有较大差距。应加强政策引导和支持，通过组织实施重大技术研究、重大技术装备研制、重大示范工程等，帮助大企业攻克和推广一批关键技术，实施一批示范工程，发展几个重点型号，贯通创新价值链，进一步加强研发体系建设。

大力鼓励我国企业并购海外研发机构，充分利用国际创新资源，以弥补自身创新能力的不足，加快赶超世界先进水平的步伐。

（三）设立重型发电装备创新发展基金

在整合现有政策资源和资金渠道的基础上，创新支持方式，设立重型发电装备创新发展基金，着力支持重大关键技术研发、重大技术装备研制和重大应用示范工程。

基金重点可以在以下两方面发挥作用：一是支持国内装备制造企业生产的首台（套）设备的应用。由于最终用户（重大工程）对装备质量依赖性非常强，投资采购装备存在高风险。尤其国内企业由于没有业绩，没有用户愿意购买并承担使用首台（套）设备的风险。可以利用基金对购买方进行补贴或贴息的方式降低风险，鼓励用户购买国产首台（套）设备。二是重大装备研发充满了不确定性，对企业而言是风险很大的学习过程，相对于引进技术消化吸收而言，企业没有动力也没有能力投资进行大规模的探索性研发。基金可用于支持我国装备制造企业的探索性研发，鼓励研发原创技术。

（四）鼓励加强协同创新

我国三大动力集团未来几年重型发电装备的研发方向和内容高度重合。火电集中在600兆瓦以上的循环流化床、1200～1300兆瓦超超临界机组、煤气化技术以及700度超超临界方面；水电集中在高水头混流机组、巨型水轮发电机冷却技术、抽水蓄能方面；核电集中在CAP1400的核岛常规岛的设计开发方面；重型燃机集中在F级燃机整体设计技术及高温热部件方面。

国家相关部门要鼓励和引导企业，尤其是三大动力集团加强协同创新，将协同创新项目纳入国家科技计划予以重点支持，以避免重复研发，创新资源浪费。

（五）落实重大装备首台（套）政策

首台（套）政策通过补贴和税收等多种措施推动重大装备的研发和产业化，是鼓励和支持重大装备技术创新的重要政策。政府有关部门应研究影响政策落实的主要原因，制定具体政策细则，以推动国产重大装备首台（套）政策真正落地。

第六章

重型机床产业技术创新支撑体系研究

重型机床产业属于国家工业体系中的基础性、战略性产业，重型机床是能源、交通、冶金、机械、航空、航天、军工等行业装备制造的工作母机，用于加工大型、超大型、重型、超重型零件。加速振兴我国重型机床产业，尽快提高我国重型机床产业技术创新能力和核心竞争力，是国民经济发展和国防安全的战略需求。本章通过分析国内外重型机床产业及其技术创新的现状以及影响我国重型机床产业核心竞争力提升的主要问题，提出重构我国重型机床产业技术创新支撑体系的设想。

一、重型机床产业发展概况

（一）重型机床范围界定

根据原国家机械工业部机床工具局规定，自身重量在 10～30 吨的机床属于大型机床，30～100 吨的机床属于重型机床，大于 100 吨的机床属于超重型机床。20 多年来，为了适应新兴工业领域（如能源、航空工业、船舶工业）重型、超大型、新材料（如铝合金、高温合金）零件的加工需要，重型机床的加工规格和承载能力随着加工对象越来越大而不断地突破极限，导致重型机床与非重型机床的界限越来越模糊，仍以机床自重作为重型机床行业界限，目前在中国机床工具工业协会的几个相关专业分会之间存在争议。

鉴于国内关于重型机床新的范围界定还未达成一致，同时考虑到重型机床正向高速、高精、高效、高可靠性、复合、智能化和绿色环保的方向发展的实际情况，本章界定的重型机床应同时具有如下三种以上特征：

（1）机床总重在 30 吨以上；

（2）主轴电机功率 30 千瓦以上，或工作台/花盘扭矩 100～300 千牛/米；

（3）X、Y、Z 轴尺寸之和超过 10 米；

（4）机床自身的刚性不能满足工作要求，必须专门制作地基；

（5）具有复合加工功能，一次装卡能实现多工序加工；

（6）机床大件因超长、超高导致的结构变形和热变形，是影响总体精度性能的主要原因。

（二）重型机床的特点

机床工业讲究的是专、精、特，是依靠技术优势谋求生存发展的行业，重型机床更是如此。综观德国、意大利等机床工业先进国家，重型机床企业平均规模并不大，300 人以下的企业占了绝大多数。这些企业尽管抵抗风险的能力不强，容易在大企业、大财团之间被卖来卖去，但其安身立命的根本就是强大的研发实力和数十年甚至上百年的技术积累。

重型机床与普通的轻型机床既有相同点，也有不同点，其产品特征是作为工作母机，开发投入大、耗时长且制造过程工序繁多、制造要求高，两台机床完全一样的情况较少，属于多品种、“量体裁衣”、单件或小批量生产和成套供应。相比轻型机床，重型机床占地空间大，制造、装配调试周期长，对地基要求高，地基大且制作周期长。

随着制造加工高速化、高精度化的日益发展，用户个性化要求也日益增多，如厂房空间限制要求、大件材料要求、特殊功能要求、冷却润滑要求、操作方便安全要求、针对具体零件的加工工艺要求等。另外，重型机床加工大型零件的装卡找正耗时长，故要求“一次装卡完成多道工序”，以节省辅助时间，同时减少装卡定位误差。重型机床通过配置各种功能附件，如磨头、铣头、平旋盘、滚刀附件、淬火附件、刀库、机械手等，还有相应的冷却装置、对刀装置、控制系统，来满足这一要求。相比轻型机床，重型机床所配的功能附件更多。

重型机床产品生命周期长，通过合理的日常保养、大修维护等，一般的重型机床寿命可达 50 年以上；通过再制造还可以提升重型机床的功能和精度等。

重型机床在生产制造过程中要有大型高精度的重型装备、检测手段和专业技术，产品所用零部件也有很多是根据要求，专门制造、量体裁衣，输出的产品是机、电、液、计算机技术一体化成套（线）的重大装备。

重型机床不断挑战制造极限，不仅是重型机床整机，装备中的个体零件也不断突破制造极限，使整机装备成为当代制造科技水平的代表和体现，更是国家综合实力的体现。

（三）重型机床的发展方向

在高速方面，越来越多地采用高速电主轴、高速滚珠丝杠、直线重载导轨、直线电机等新型功能部件，机械主轴转速先进水平已发展到最高达3000～4000 转/分钟，快速进给先进水平达 20000～30000 毫米/分钟。

在高精度加工方面，综合运用机床结构优化、误差补偿等技术提高机床的几何精度和运动精度，先进水平定位精度 0.012/1000 毫米，重复定位精度 0.005～0.01 毫米。

在高可靠性方面，应用机床刚度、热变形、振动、噪声、精度补偿技术和加工及检测、机床结构、驱动控制技术，提高机床稳定性，进口的高档重型机床平均无故障工作时间达 800～1000 小时。

在复合加工方面，利用数控系统技术智能化、网络化以及交换工作台、多龙门、多刀架、多工作台等多种形式结构，实现了车、铣、钻、镗、磨、制齿等多工序的复合。

在智能化方面，引入自适应控制、模糊控制、神经网络控制、专家控制、学习控制、前馈控制等智能控制技术，实施系统和人工智能相互结合。

在绿色环保方面，要求考虑设计时的减材优化、制造时的节能环保、使用时的节能降耗，延长刀具使用寿命，控制噪声和粉尘及有害物质排放，以及报废回收成本等问题，提出了无冷却、无润滑、无气味的要求。

（四）全球重型机床产业发展现状

1. 欧洲重型机床产业保持领先地位

欧洲机床工业合作委员会（CECIMO）有 15 个成员国，覆盖了绝大部分欧洲重型机床制造企业。德国重型机床、瑞士精密机床、意大利重型机床在世界上享有盛誉，西班牙、法国、英国、奥地利和瑞典等国的重型机床工业也具有一定国际影响力。欧洲重型机床产业发达，在世界重型机床产业竞争中保持领先地位。

2. 德国、意大利重型机床制造代表着国际先进水平

多年以来，国外重型机床进入中国市场的产品中，绝大部分是中、高档数控重型产品，其中德国和意大利的重型机床产品最多，德国、意大利的重型机床制造代表着国际先进水平。虽然由于世界机床市场长期不景气，希斯、科堡、济根等德国著名厂家作为独立市场竞争主体地位已经不存在，但是这些公司都具有多年生产重型、超重型机床的经验和扎实的工艺水平，在技术上仍属于世界领先。意大利重型机床企业起步较晚，但发展迅猛，大有替代德国之势。

3. 日本重型机床产业以数控化率高占据重要地位

日本重型机床产业在产品出口和技术创新的驱动下发展很快。日本重型机床制造企业重视电子信息技术在数控机床上的应用，机床数控化率很高。日本一批著名机床制造商，如新日本工机、大隈、本间、东芝等公司生产的重型数控机床在高速、复合、智能、绿色环保等方面保持先进水平，在世界重型机床制造业中占有一定地位。

4. 美国机床工业重新崛起，但重型机床不是其发展主流

美国曾是机床工业强国，20 世纪 80 年代，美国机床工业的霸主地位逐渐被日本和德国取代。近年来，美国机床行业的发展得益于军事、航空、航天、汽车等行业发展的拉动，机床工业振兴主要走发展高端的道路，如向纳米级加工、智能化技术、无接触测量三大领域进军，智能化、高速化、精密化是其发展主流。然而由于美国能源、航空等行业的重型、超重型零件的加工多采用在其他国家外包加工的形式，其国内工厂对重型机床产品的需求很少，不是主流，因而美国重型机床生产厂家很少，典型代表有 Ingersoll 公司和 MAG 集团，后者仅少数产品（如数控立车）属于重型机床。

5. 高品质产品制造技术变革对重型机床要求越来越高

重型机床主要服务于航空航天、能源、交通、军工等领域的大型、特大型装备的加工制造。这些大型装备及其制造的发展趋势是尺寸越来越大，精度要求越来越高，供货周期越来越短，新材料和加工新技术、新工艺的应用越来越普遍，绿色制造的理念日益深入人心。这导致对重型机床的要求越来越高，具体表现在以下方面：

一是高效加工要求，要求较高的主运动转速和进给运动速度。

二是高精度要求，重型机床由于其尺寸规格大，极易受环境和加工中热源的影响而产生热变形、因跨度和悬伸较大而易产生较大的挠度和振动、易因地

基的原因导致振动，为解决这些问题，反变形技术、热平衡设计技术、主动补偿技术、温度主动控制技术、新材料技术，一直是各厂家研究和应用的热点。

三是复合加工要求，要求大型零件一次装卡完成多工序（如车、铣、钻、镗、磨等）加工，减少装卡误差和时间，提高加工精度和效率。

四是智能化要求，如加工过程自适应控制、工件和刀具的在线检测、远程故障诊断等。航空工业大型铝合金类零件的加工和轨道交通工业的车轮、轮对的加工，都有迫切的智能化需求。

五是绿色环保要求，如有完善的加工冷却系统，同时不污染工作环境，不影响人的健康，要求节能降耗。

（五）国内外典型代表企业

国外重型机床典型代表企业有德国的济根（Waldrich Siegen）、瓦德里希·科堡（Waldrich Coburg）、希斯（Schiess）、多列士·沙尔曼（Dorries Scharmann）公司，意大利的INNSE Berardi、帕玛（Pama）、皮特卡纳奇（Pietro Carnaghi）、JOBS公司，日本的大隈（Okuma）、Shin Nippon Koki（SNK）、本间（Homma）、东芝机械（Toshiba Machine）、三菱重工（Mitsubishi Heavy Industries），美国的马格（Mag）、英格索尔（Ingersoll）等。

国内重型机床典型代表企业有武汉重型机床集团有限公司（武重）、齐重数控装备股份有限公司（以下简称齐重）和齐齐哈尔二机床有限责任公司（以下简称齐二），这三家企业能提供市场上所需的各类重型机床产品；北京北一机床股份有限公司（以下简称北一）、济南二机床集团有限公司（以下简称济二）、青海华鼎重型机床有限责任公司（以下简称青重）、上海重型机床厂有限公司（以下简称上重）四家企业也是重型机床行业重要力量，如北一的龙门铣，济二的落地镗、龙门铣，青重的重型卧车，上重的大型磨床等在各自领域都占有重要地位。

二、典型国家重型机床产业技术创新支撑体系分析

发达国家重型机床产业的形成和发展，源自重工业（如冶金、煤炭、船

舶、航空等）的发展需要，又因重工业的转型需要而转型。18 世纪第一次工业革命以来，煤炭、冶金、铁路、能源、交通、船舶工业以及军事工业（如铁甲战船、火炮等）的迅速发展，促进了传统重工业的形成。重型机床则在重工业的形成和发展中孕育而出，最早出现的重型机床厂家有德国济根（Waldrich Siegen，1840）、希斯（Schiess，1866）、多列士（Dorries，1884）、沙尔曼（Scharmann，1885）和意大利英塞（Innse，1887）等。由于重型机床服务于重工业领域，故其发展与重工业的形成、发展、演变息息相关。

自 20 世纪 30 年代以来，以德国、意大利等为代表的世界重型机床技术及制造风靡全球，是世界各国重型机床产业赶超的目标。德国和意大利在高档重型机床研发、设计、制造上是技术最好、经验最多、技术创新支撑体系较完善的国家。

（一）德国重型机床产业技术创新支撑体系

德国生产的重型机床在国际上享有很高声誉。德国重型机床产业相比 20 世纪 60 ~80 年代的鼎盛时期，顶尖企业数量有所减少，但仍代表着世界重型机床的顶尖水平，产品呈现高速、高效、高精度、智能化、绿色环保等特点，与德国乃至欧洲、世界的先进工业的发展水平和需求相适应。

1. 德国重型机床产业发展历程

从 1820 年起，德国进入工业革命的前期，从英国进口大量机器，同时开始发展机器制造业，如矿山机械（鲁尔）、汽船（鲁尔）、纺纱机（开姆尼茨）等的制造。1834 年前后工业革命的前提大体具备，德国的手工生产开始向大机器生产过渡。德国的工业革命始于纺织业，但采矿、冶金和金属加工等重工业几乎同时跟进，重工业逐渐集中在煤铁产地。19 世纪 40 年代，轧钢工业开始迅速发展，机械制造业也随之繁荣，1841 年生产出第一台火车头，铁路建设迅猛发展。莱茵兰的克虏伯从 1811 年建立的小铁炉开始，依靠铁路建造和军火订单发展成庞大的重工业联合企业。1866 年，西门子制成世界上第一台大功率直流发电机，完成把机械能转化为电能的发明，开始了 19 世纪晚期“强电”技术时代；1879 年又发明了电动机，把电能再转换为机械能。1890 ~1914 年，德国从蒸汽时代进入电气化时代，使德国的工业生产更加大幅跳跃向前。重工业的标志煤、铁、钢的产量达到世界前列，铁路建设接近饱和。新型舰船（以铁甲军舰为主）、汽车、化工、电气等新兴工业部门在世界上占有明显优势，使德国经济实力明显增强。德国重型机床则伴随重工业的发展而起步，最早出现的重型机床厂家有 Waldrich Siegen、Schiess、Dorries 和 Scharmann。这些早期的厂家不是一开始就生产重型机床，而是从加工零件、维修、生产机器设备、小机床等开始，逐步过渡到生产重型机床。如 Waldrich Siegen 建厂初期生产水泵、高炉排烟设备和皮带轮，1857 年开始先后研制出蒸汽机和车床，1897 年第一台轧辊车床问世，1908 年生产出第一台镗床，1913 年制造出刨床，1920 年生产了轧辊磨床，这与重工业的发展规律相吻合。

19 世纪 90 年代以来，在德国的重工业部门和新兴工业部门出现建立巨型企业的趋势，接着各种类型的企业联合体大量涌现。在政府的扶植下，形成了各种垄断组织（卡特尔、辛迪加、托拉斯、康采恩），国家控制和引导着各类垄断组织的活动，凝成一个国家或一个民族的巨大竞争力，在国际市场上进行争夺和扩张。“一战”和“二战”期间，德国重型机床行业和其他重工业一起转入战时体制，从业人数大大增加，支撑着国家战争机器的运转。

“二战”后，联邦德国开始新一轮工业革命，固定资本投资一直保持着高水平，且主要集中在重工业、化学工业和电气电子工业，使得冶金、化学、机床、电气、汽车等工业部门得到优先发展，重型机床产业也进入快速发展阶段。1952 年，美国研制出世界第一台数控机床，联邦德国和日本紧随其后，分别于 1956 年和 1958 年研制出数控机床。从 20 世纪 50 年代末期开始，静压技术被应用于重型机床。19 世纪 60 年代，西门子公司研制出数控系统，重型机床的应用则始于 20 世纪 70 年代，如 1971 年 Waldrich Coburg 公司研制出第一台 NC 控制机床。20 世纪 60 ~ 90 年代，德国重型机床产业的传统重型机床产品研制生产较活跃。如 1920 年成立的 Waldrich Coburg 公司，于 1955 年开发出导轨磨床和龙门铣床；1975 年研制出第一台可移动铣床，工作台宽 5 米，长 18 米；1973 年研制出第一台龙门移动铣床；1997 年研制出第一台 2.5 米立车，进入立车市场，逐渐形成了其在龙门铣床和立式车床两大主导产品品牌。

1973 ~ 1975 年石油危机，引发了战后最严重的一次全球经济危机，油价飞涨，造成了经济较长时间的滞胀。隶属于 Bremer Vulkan 造船企业的 Dorries Scharmann 机床集团，包含了 Dorries Scharmann、Skoda、Wohlenberg、Schiess 等多个品牌，由于 1996 年 Bremer Vulkan 的负债破产而直接导致 Schiess 公司的破产关闭。由于传统的重型机床需求量减少，一些重型机床厂家的产品服务领域转向新兴行业，如 Dorries Scharmann 公司转向航空航天和汽车领域，2011 年被瑞士 Starrag Heckert 集团收购。

从德国重型机床产业发展历程可以看出，每一次新的工业发展需要和新的技术革命，都推动了重型机床技术向前发展。高效高精度加工的需求推动了机床数控技术的出现，也推动了重型机床静压技术的研究应用和重型数控机床的发展。航空航天工业、船舶工业等大型曲面零件、特殊材料零件的高效加工需要推动了新加工工艺技术的研究，推动重型数控机床向更高层次发展。计算机工业的快速发展和复杂工程分析的需要，催生了工程分析理论及大型工程分析测试软硬件的发展，进而推动了重型机床设计水平、设计质量和效率的提高。

2. 创新技术供给

德国重型机床产业创新技术的供给主体包括大学、非营利性科研组织、国立研究所及企业研究机构。

大学主要开展基础理论研究，也开展一些应用性研究。如达姆施塔特工业大学、亚琛工业大学、布伦瑞克工业大学、斯图加特大学、多特蒙德工业大学等，在钛合金切削机理、有限元模型分析、仿真、切削试验和采用不同冷却方式等方面开展了一系列研究。其中亚琛工业大学机床研究所（WZL）作为州政府所属研究机构，每年州政府、学校提供100万欧元的经费支持，用于开展大量的基础理论和应用技术研究，研究出强力磨削原理，磨削效率比普通磨床高出数倍。亚琛工业大学的机床实验室还与伊斯卡（Iscar）、肯纳金属（Kennametal）、山高刀具（Seco Tools）和山特维克（Sandvik）等刀具厂密切合作，开展了包括高压冷却等技术的研究。克姆尼茨大学机床与锻压研究所开发基于压电的、自适应的主轴座，能在传统机械系统很难实现的领域中改善切削过程，通过压电执行元件进行精确定位，主要用于纠正和调整主轴位置，这个系统在一定范围内也可用于抑制主轴的振动和颤振。斯图加特大学机床研究所、机床与制造设备控制技术研究所与因代克斯（INDEX）公司合作，一起研制了可快速调整的电主轴模块，用于INDEX G160车床，明显地减少了电主轴更换及调整所需的时间。

德国非营利性科研机构主要有：从事应用研究的弗朗霍夫协会（FHG），从事基础研究的莱布尼茨科学联合会（WGL）和马克斯普朗克协会（MGP），提供大科学设施的赫尔曼·冯·亥姆霍兹科研中心联合会（HGF）以及德国科研联合会（DFG）、德意志学术交流中心（DAAD）等。其中，弗朗霍夫协会拥有57个研究所、7000多位科学家，是德国最大的应用科学研究机构，协会下的各研究所既接受来自政府或欧盟的一些科研项目，也承担来自企业和其他方面的研究任务，以合同科研的方式为企业特别是中小企业开发新技术、新产品、新工艺，协助企业解决创新过程中遇到的问题。如针对航空航天工业的钛合金材料的加工机理和配套的高压冷却技术的研究。这样的研究需要较深的理论基础，企业一般难以承担。

弗朗霍夫协会还有创新集群（Innovation Clusters）项目，即由协会所属研究所与研究伙伴（大学、研究所）、工业伙伴（工业企业）结为创新集群，开展合作研究。例如，德国 SCHIESS 公司参与了此类两项研究课题，分别为 Smart Energy and Resource – efficient Regional Value Adding Chains in Industry 和 Virtual Development Engineering and Training。

重型机床产业的少数大企业拥有一流的实验室、高素质的研发人员、充足的科研经费，也是重型机床产业创新技术的重要供给者。

3. 创新技术产业化

德国重型机床企业是创新技术产业化的主体。重型机床企业通过将大学、科研院所研发的共性技术成果应用于企业产品的升级换代或开发出新的系列产品，满足各类行业发展的需要。

德国重型机床企业（如 Schiess、Waldrich Siegen 等）非常重视技术人才和技能人才的培养，重视及时更新厂房、设备，提高加工、装配的自动化程度，保证产品质量和生产效率，为创新技术产业化打下坚实基础。例如，在瓦德里希·科堡（Waldrich Coburg）公司，设有专门的培训学校，开辟了专门的培训场地，配备大量的培训用机床、设备和材料。德马吉（弗朗德）工厂的员工中 8% 属于技校学生，在德马吉培训 2 ~3 年可以直接任职生产岗位。

德国重型机床企业与用户开展定制化合作研究也加速了产业化成功的步伐。如德马吉公司的一些机床就是应德国大众汽车公司等用户的要求，与用户共同研发而成，这些机床产品在定制用户使用过程中得到很好的反馈和功能优化后，逐渐推广到其他用户。

德国重型机床企业主动地跟踪技术发展趋势，长期专注做好自身产品系列的改进、创新、升级，确保德国重型机床的世界领先地位，即使企业被兼并重组，成为子公司，仍然只专注于原有产品门类的研发和制造，不会轻易改变。

4. 技术创新服务

德国机床协会（VDW）成立于 1891 年，现有 120 个会员，集中代表其会员在国内、国际市场上的利益。在所有相关领域，从知识转移到组织国际展会等，面对政府、国内外用户和公众，以整个行业的利益为出发点，是德国机床行业的代言人。VDW 及时向会员反馈政府、相关行业和用户的建议和声音。服务协会会员长期不懈地推动知识转移工作。协会有日常机构负责特定行业的意见和经验交流，就技术、经济和法律事务定期与会员沟通，同时，VDW 大力支持合作研究。在过去的 80 多年里，德国机床协会组织了一系列机床行业的展览会，是机床业制造技术展览会的创始人。德国机床协会的展览会已经成为高质量的专业展览会的代名词，如 1977 年创始的欧洲机床展览会、1980 年创始的杜塞尔多夫 METAV 展览会及 2004 年首次举办的慕尼黑 METAV 展览会。2012 年，针对日益增长的中国市场，德国 VDW 组织德国机床制造商在中国的重庆、武汉、广州举办研讨会，介绍德国先进的机床技术，推介德国机床产品。

德国的许多科技中介服务机构，为大学、科研机构和企业之间的技术扩散和成果转化服务。

5. 政策环境

德国有关政策规定，任何国家级大型科研项目，必须至少有 1 个中小型企业参加，否则就不予批准，企业通过参与科研项目研究和开发的整个过程，深入了解这一成果形成过程的设计思路、工程结构和工艺方法等全部细节，也为创新技术的产业化打下坚实的技术基础。

2010 年 7 月，德国政府通过了联邦教研部提出的《德国高技术战略 2020》，明确了未来 10 年德国科技创新的重点领域和重大项目。其中，与重型机床行业相关的有气候与能源、物流（包括航空、造船、海洋产业等）等优先课题、关键技术，为德国重型机床产业技术创新指明了目标和方向。

德国还鼓励和支持大学与产业界联系，大学会接受企业的委托从事一些应用课题的研究，并接受来自工业研究协会、合作企业和一些社会基金的经费和资助。双元制职业教育体系则为德国重型机床企业输送源源不断的技术人才和技能人才。

6. 基本经验

（1）德国一贯重视机床工业的基础性、战略性地位，为重型机床产业创新发展创造了良好环境。在 19 世纪开始修建铁路时，法国的政策是买机床，德国的政策是自己造机床，认真学习当时英、美先进的机床技术，并在世界上首先建立机床试验室，不断对比试验加以改进，并派技术人员、工人出国学习。

（2）建立了良好的产学研用合作创新体系，使基础理论与应用技术研究有效结合。大学主要培养高素质科研人才，开展基础研究，注重理论机理、未来概念、未来技术发展研究。产学研紧密结合不仅促进了产业发展，同时也是科研院所、大学持续发展的动力。例如，卡尔斯鲁厄大学机床研究所在机床精度优化及丝杠检测等方面形成了一整套技术和装置，建立了丝杠检测平台并在行业内形成知名度。基于这一平台，该研究所在为行业提供服务的同时，不断完善自身技术和环境，保持了行业领先地位。研究所通过与企业合作，为企业提供技术支持，不仅提高了企业产品质量，促进了产业技术的快速发展，同时也为研究所创造了可观利润，支撑了研究所的持续发展。

（3）构建了完善的产业链。德国机床产业的毛坯先进、铸锻件精度高、质量好，主机设计技术精湛、结构变化较多，各类机床自成完整系列，金切、成型机床品种在4000种以上，特别是各种齿轮机床、刀具磨床品种更加齐全。

与主机配套的基础元部件、刀具、测量、数控系统先进，有许多名企、名品世界闻名。生产液压件的Rexroth公司，品种、系列、规格齐全，在20世纪80年代后期，我国多个企业引进该公司产品，进行合作生产。海登汉（Heidenhain）公司生产的光栅尺、编码器，产品远销世界各国，美国、日本、瑞士、中国等许多闭环高精度数控机床均采用其光栅尺。瓦尔特公司的刀具、Junker公司的刀具磨床世界闻名。Zeiss集团的光学仪器，长期享誉世界、无人匹敌，其Opton子公司生产的三坐标测量机，以高精、高效著称。当今世界最大数控系统生产者西门子公司生产各种电器、电子元件、数控系统，质量好、工作可靠、品种齐全、性能先进、功能强大、可靠性好、性能价格比高，适应不同层次用户、各种机床使用。

（二）意大利重型机床产业技术创新支撑体系

按照意大利对企业规模的划分标准，意大利机床工业是由以小型企业为主的约500家公司组成的，几乎全部是私有企业，雇员总数约为4万人，平均每家约80人。70%的意大利机床企业雇员不足50人，超过100人的中大型企业只占企业总数的15%，另有15%的企业人数在50~100人。大部分企业都是为机床主机配套的专业化小企业，如D’Andrea的平旋盘、Rotomors的卡盘、VMS的铣头、ISA的铣头、Gerva Boni的多头泵等，其中不少成为世界知名品牌。由于意大利的机床企业规模普遍较小，15%的大中型企业的产值占全部意大利机床行业产值的60%，出口占66%。

意大利重型机床企业多属于中型企业（雇员人数100~199人）和中大型企业（雇员人数200~499人），如Innse Berardi公司有270人，Safop公司有111人，Jobs公司有230人，Pama公司有400人。

1. 意大利重型机床产业发展历程

意大利在19世纪中期开始进行工业革命，开始也是发展纺织业、铁矿业、冶金业、机械制造业和军事工业、修筑铁路等，与铁路和造船有关的厂家如铁路机械厂，与造船和军工生产有关的机械厂如那不勒斯的彼得拉萨工厂、热那亚的奥兰多工厂和安萨尔多工厂，这些机械厂生产的主要产品有铁路器材、桥梁、军械、弹药、水力机、蒸汽机、火车头、船舶、农业设备、造纸机器、印刷设备等。

意大利机床企业因冶金、铁路、航空航天、船舶、军工、能源等行业的需要而发展起来，1887年Innse（英塞）公司成立，1926年Berardi公司和Pama（帕玛）公司成立，1922年Pietro Carnaghi（皮特卡纳奇）公司成立，1941年Safop（善福）公司成立。在这些机床企业的发展过程中，重型机床的生产也经历了一个从无到有、逐步成长的过程。如Pietro Carnaghi公司成立初期制造金属锻造生产线设备和小型机床，1938年生产刨床，1970年设计制造用于生产钢管的成型机械，1973年公司重组开始生产重型立式车床，1981年开始生产重型龙门铣床（UNIMILL系列）。

20世纪90年代以来，一批新兴工业化国家发展起来，他们的机床制造企业表现出很强的竞争力，意大利机床行业（包括重型机床）的企业无法与其在价格上、参数方面进行竞争，意大利的对策是通过技术创造附加值，以专有知识（Know - how）为基础，即竞争对手难以模仿或仿造的技术，取得竞争的优势地位。意大利政府在《2005～2007年科技发展计划》中提出了十大重点发展领域，其中包括传统制造业、加工业、新能源、造船和航空、节能产业、新材料等，为意大利重型机床产业的转型升级提供了新的发展空间。

2. 创新技术供给

意大利重型机床企业是创新技术的主要供给主体，几家有名的大企业如英塞、帕玛、皮特卡纳奇（Pietro Carnaghi）、善福等在重、大型数控机床加工中心方面形成自己的特色。

意大利重型机床企业具有较强的竞争意识，善于吸收和提高机床自动化技术水平，组建分类结构清晰的具有多学科特点（如机、电、液、控、网络等）的实验室，通过加强研究开发创造附加价值，提升技术竞争优势，避免与新兴工业化国家的企业进行价格竞争。同时，注重探索新的商业模式，减少生产环节。注重了解国外市场需求，信息灵通，熟悉国际机床技术发展动向，勇于开拓。

3. 创新技术产业化

少数大企业和数量众多的小企业共同构成了意大利重型机床创新技术产业化的主体。

意大利重型机床企业的关键生产设备更新快，且多是国际品牌产品，保证了产品的加工和装配质量。例如，Innse 和 Berardi 于 1997 年被 Camozzi 集团收购、合并后，进行了技术改造；皮特卡纳奇公司于 2000～2009 年完成了新厂的建造和新机床设备的安装。

意大利机床工业专业化程度较高、专业化协作比例很大。一些机床所需的功能部件和附件等，都由专业厂生产。主机厂家只是搞开发、设计、装配和关键件的生产，而把更多的生产环节交给专门的外协厂（如焊接、铸件，一般机械加工都靠外协，外购件都是选世界上先进的功能部件），以便利用其专有技术和人才，增强生产能力的灵活性，缩短技术进步周期和节省固定资产投资。这种生产方式的普及，推动了众多的中小企业更新设备，以更先进、更专业的技术装备为主机厂提供配套。因此，购置自动化设备的小企业数量明显增多，设备更新速度快，绝大部分机床的役龄在 10 年以内。同时，也使得意大利机床成本较低、生产效率高、价格较有竞争力。

4. 技术创新服务

意大利机床、机器人、自动化制造商协会（UCIMU）面向机床行业提供产业现状、发展方向、市场需求等的咨询服务，并参与行业质量认证与监督管理工作，同时作为意大利机床业的国际使者，举办国际展览会、开展竞争情报等服务。

例如，针对资金困难导致机床企业的销售困境，UCIMU 建议政府出台政策，以优惠利率将买方的付款期限延长至 5 年；在国家协商的基础上，以易货贸易从其他国家购买重要物资的形式，销售意大利机床；建议意大利机床制造企业开展租赁服务。

UCIMU 针对意大利机床的主要出口国家开展一系列活动，如在机床展会上推介意大利机床，出钱邀请主要出口国家的公司代表和机床行业刊物代表参观意大利机床展 BIMU 和相关企业，听取用户对意大利机床产品的个性化要求和建议。在 BIMU 上开辟了“有为青年”的展区，内容有培训区、职业介绍机构、各学校的情况通报等，使年轻人了解机床企业的工作环境，对沟通工厂和学生之间的联系起到很好的作用。20 世纪 80 年代，UCIMU 还与中国政府在北京密云建立专门的培训中心。

5. 基本经验

意大利机床制造厂商普遍重视机床模块技术的发展，尤其是主轴部件的模块技术。机床制造厂商的产品设计已实现 CAD 化，大件设计普遍采用了有限元分析技术。注重更新生产设备，采用最新技术和专利，提高生产效率，注重产品质量。

意大利的机床厂把更多的精力放在产品开发与设计、市场开拓方面，一般只进行主机装配、调试和关键零部件（如主轴部件、床身、立柱和工作台等大件）及某些关键工序的生产加工，而其他许多零部件及粗加工工序，包括毛坯、下料、铸造、钣金、表面处理和热处理等都是外协给专业厂家来进行加工或外购的，推动了众多的中小企业更新设备，以先进的技术装备为主机厂提供配套。不像我国的许多机床厂追求大而全、小而全，什么都自己干既上不了批量，质量也不一定比专业生产厂的好，还占用许多利用率不高的设备。

结构的模块化设计，功能的实用化配置，产品的专业化生产和重视技术创新，加上不断改进和提高产品质量、提供技术成套的“交钥匙”工程，形成了意大利机床产业的特点，也是意大利机床产业取得成功的关键。

意大利政府和 UCIMU 协会发挥了积极作用，为意大利重型机床产业发展营造了较好的政策环境以及信息情报、市场推广等服务。

三、我国重型机床产业技术创新支撑体系分析

（一）我国重型机床产业的发展状况

1. 重型机床的市场需求

重型机床行业是一个与宏观经济密切相关的行业，其市场前景受经济及社会发展影响很大，依赖国家宏观经济发展的拉动，具有一定的局限性，且这一行业的利润并不高。重型机床主要服务于航空航天、能源、交通、重型机械等行业，其需求受这些行业的市场波动影响较大。当经济处于下行态势时，相比中小机床，重型机床产业受到的影响更大。

经过 30 多年的快速发展，我国经济发展速度逐步放缓，重型机床的市场

需求和市场环境也随之发生了很大变化。随着中国的工业化逐步进入中后期，对重型机床的需求增长将逐渐减少甚至在需求的绝对数量上也会减少，重回前些年的超高速增长的可能性不大。

但需求的减少并不意味着重要性的降低，从对国家工业化和国民经济的贡献来说，重型机床的价值却远远超过其价格，没有强大的机床工业，没有高端的重型机床产品，一个国家就不可能被视为工业强国，重型机床产业是国家不可或缺的基础性产业。

未来重型机床产业的需求特点是：传统的重型机床需求日趋饱和，中、高档重型机床的需求比例不断增大，主要以集高速、高精、智能化、环保于一体的复合化加工机床为主，用户维护保养方面的需求增加，再制造需求也将逐渐增加。同时，技术服务需求更迫切，显示出一种新的需求态势，即设备与工艺配套、软件设计与远程服务并重的一体化“交钥匙”工程，要求主机生产厂家不但要提供硬件，还要能提供软件、工艺技术服务，标志着未来市场将更加注重技术服务，以技术服务为核心的营销模式逐步取代传统的产品营销模式。

（1）能源发电行业。其快速发展需要大量可靠性、大规格、高强度的数控机床，如各种超重型数控立车、数控落地铣镗床、超重型数控龙门移动镗铣床、数控齿轮加工机床，还有五轴联动数控机床以及各类专机等。

（2）船舶制造行业。船用中、低速柴油机进口量分别占需求量的34%和48%。国产船用低、中速柴油机、螺旋桨推进器等正在发展阶段。所以，船舶行业对中、高档次的重型机床仍有相当大的需求。如用于加工异形件的大型数控龙门移动镗铣床、数控龙门铣、数控龙门高速镗铣床、数控落地铣镗床等；用于加工螺旋桨推进器的重型双柱立式铣车床、龙门移动式五轴联动铣镗床；用于加工船用柴油机曲轴的重型数控卧车、重型数控曲轴车床、数控曲拐颈曲轴旋风车床、重型曲轴车铣复合加工中心；用于加工舵杆等回转轴类、盘类零件的重型数控双柱立车等。

（3）航空航天工业。我国航空制造业即将迎来支线飞机的投产期，如ARJ21支线客机和新舟600支线客机都将相继投产和量产，同时大飞机的研制也将取得重大进展，飞机机身、尾翼和发动机零配件等的制造需要大批高速五轴立式车铣加工中心、龙门移动式高速加工中心、精密数控车床、大型龙门式数控镗铣床、精密卧式加工中心、多坐标镗铣中心、精密齿轮和螺纹加工数控机床等；航天制造业以发展载人航天与探月工程、大容量通信卫星、新一代大推力无毒无污染运载火箭、高分辨率对地观测系统为重点，都需要购置大批高速、高精、复合数控机床以及五轴加工中心等关键制造设备。

（4）重型机械行业。进入21世纪以来，重型机械行业得到飞速发展。对常规重型机床已无大的需求，缺少的是高档、高精、超大型、效率高的高档重型机床。如16米以上大直径立车，Φ260米、Φ320米的落地铣镗床、超重型数控龙门镗铣床（龙门宽度10米以上）、400吨以上的超重型卧车以及高精度的磨齿机等。

（5）其他行业。汽车、轨道交通、冶金等行业对重型机床的需求也十分旺盛，主要集中在高性能、高精度、高可靠性的高端重型机床产品。

汽车制造业需要大批高效、高性能、专用数控机床和柔性生产线，如用于发动机加工的以高速卧式加工中心为主的柔性生产线、曲轴加工专用数控机床等。汽车零配件生产需要大批数控车床、立卧式加工中心、数控高效磨床和数控齿轮加工机床等。

在城市轨道交通方面，对重型机床的需求是多方位的，一是机车（电力机车和电传动内燃机车）和车辆制造方面，如电力机车和内燃机制造的大型立式和卧式加工中心、数控重型铣镗床、立式车床等；二是车轮和车轴制造机日常维护，还有轨道加工和高速铁路轨枕加工方面，如数控不落轮对车床、数控车轴车床、数控道岔铣床等。

2. 我国重型机床产业的发展现状

我国重型机床产业开始于新中国成立之初，“一五”计划的156个重大项目中包含了重型机床的几大主要厂家。这些企业都经历了20世纪60年代仿制（静压技术研究应用），70年代自行设计制造，80年代开始与国外合作生产（如武重与德国Schiess合作）的发展路径。进入21世纪，开始国际并购（如北一机床并购科堡等）、重组（武重与中国兵器，齐一与天马集团，齐二与中国通用等）等。

（1）产业集中度。近10年来，很多原来不生产重型机床的厂家纷纷开始研制重型机床，而且越做越大。同时，一些原来生产单一品种重型机床的企业，也投入大量资金进行技术改造，开始步入立式车床、卧式车床、落地铣镗床、龙门镗铣床等综合产品的开发生产。市场需求促进了我国重型机床产品发展和技术水平提高，也使得我国重型机床企业队伍不断壮大。

国内能提供多品种（数控龙门镗铣床、数控立式车床、数控落地铣镗床、数控卧式车床）重型机床的厂家有：武重、齐二、齐重、北一、济二等。青重和上重能分别提供重型卧式车床和导轨磨床。以上7家重型机床企业采用订单式的定制生产模式，基本代表了国内重型机床的技术水平和发展趋势（见表6-1）。

表6-1 主要企业近年来生产经营情况

年份	单位	产值（万元）	销售收入（万元）	利润（万元）	就业人数（人）	生产机床数（台）
2013	齐重数控	45757	62178	8864	2938	320
	齐二	37314	37600	2329	3393	115
	武重	53688	48465	1704	3149	106
2012	齐重数控	100903	98172	1701	3565	514
	齐二	116906	96764	2646	3533	270
	武重	92232	108552	1491	3356	151
2011	齐重数控	200907	154365	13556	—	960
	齐二	192721	134898	16396	—	1687
	武重	149336	1445151	10904	—	253
2008	齐重数控	257283	243546	24421	—	1525
	齐二	351232	232355	14992	—	2526
	武重	122519	120761	13301	—	253

资料来源：重型机床协会。

国内重型机床企业在激烈的市场竞争中纷纷通过兼并重组寻求新的发展，武重完成搬迁改造并被中国兵器工业集团重组，市场更广阔；齐重被民营上市企业浙江天马控股，机制更灵活；齐二被中国通用技术集团收购，实力更强大；北一完成搬迁改造并收购德国科堡，技术发展快速。

（2）产业规模。重型、超重型数控机床作为基础制造业和装备产业的加工装备，市场需求行业面虽然较宽，用户范围也较大，但其产业需求受船舶、轨道交通、航空航天、国防军工、机械制造、高效清洁能源等下游行业领域的影响以及国家政策因素的影响很大，下游行业领域的需求决定了重型机床产业规模和市场容量的大小。预期今后用户的采购重点将集中在重型/超重型的高档数控复合加工机床及高精度加工、高速加工、多工序复合加工、智能加工机床。综合分析相关领域的市场需求状况以及重型机床主要企业的销售收入情况，重型机床产业属于百亿级规模的产业。

（3）产业生命周期。重型机床使用寿命相对较长，用户对于重型机床设备的更新比较缓慢，因而重型机床的生命周期很长，这一特点也使得市场需求缩小。从重型机床产业生命周期的角度看，我国重型机床产业正处于成长期的中后段，仍属于加速发展和生命力较为旺盛的阶段。

（4）产业发展模式。生产模式已经发生很大变化，在计划经济时代，我国的重型机床企业除标准件外，其余零部件均自己加工制造。21 世纪初期，部分重型机床企业只生产大件和关键中小件，其余零部件均外协、外包、外购甚至出现了部分大件在用户厂制造、部分机床在用户总装的生产模式，大大节约了生产成本。

研发模式从以自主研发为主，到与国外企业或设计公司合作研发，国内制造；购买国外关键部件等多种形式。

营销模式也发生较大变化，由于重型机床动辄成百上千万的价格，在销售环节用户与机床制造企业双方都表现得谨小慎微，目前出现了用户分担制造部分大件、用户以其产品或生产能力抵消部分货款（如锻件）、设备租给用户使用等多种形式，既缓解了低迷市场背景下用户资金的困难，又实现了重型机床制造企业销售业绩的增长。

（5）市场竞争态势。随着进入重型机床产业的企业增多，原有重型机床生产企业的重型机床的门类和品种不断增加，但中高档重型机床质量与用户需求有差距，使得重型机床产业同质化竞争加剧，低端混战、高端失守。为此，重型机床企业采取多种突围方式加以应对，如武重发展非重型机床产业，加工分厂自己开拓市场，融入其他产业链；齐重减少人员、缩小规模发展。在解决生存问题的同时，各企业加紧研发面向战略性新兴产业的中高端重型机床。

（二）我国重型机床产业技术创新的现状和问题

1. 产业技术创新水平和能力

伴随着产业规模的不断扩大，我国重型机床产品和技术都有了很大进步，产品数控化率不断提高，部分技术取得突破。2009 年国家科技重大专项实施以来，集中布局的一大批项目陆续完成，高端产品领域技术不断得到突破，相继研制出一批能源、船舶、航空航天、国防军工、交通运输等重点行业和领域急需的高速、精密、复合、多轴联动重型数控机床，特别是在极限制造方面很好地满足了一些国家重大项目的需求，一批共性、基础技术和新产品研发也有了新的进展。

在我国制造业快速发展的大背景下，国内各厂家重型机床产品的技术水平提升很快，与国外产品的差距逐步缩小。各企业相继成功研制出加工直径 16 米、20 米、25 米、28 米数控单柱、双柱立式铣车复合车床；镗杆直径 200 毫米、260 毫米、320 毫米高性能落地式数控铣镗床；工作台移动、龙门移动、双龙门移动加工宽度在 5 米以上的数控龙门镗铣床；龙门通过宽度 12 米的超重型数控龙门移动式镗铣床；回转直径 5000 毫米，承载重量达 500 吨以上，加工长度 20 米的超重型数控卧式钻镗车复合加工机床等一批具有自主知识产权，而且技术水平已经接近世界先进水平的高端重型机床系列产品。

我国自主开发研制的重型/超重型机床产品，基本满足了一些国家重点工程需要，并多次创造出极限规格的世界之最，这些世界超大规格的重型、超重型机床具备了五轴联动、复合加工功能，采用了计算机辅助模块化设计技术、有限元分析技术、静压技术、卸荷丝杆技术、导轨卸荷技术、双电机双齿轮齿条（齿圈）消隙传动技术、大型钢结构消除应力技术等先进技术，是我国先进设计与制造技术的集中体现。

2. 重型机床产业与国外先进水平的差距

在重型机床产业领域，我国还没有具备国际市场竞争力的世界知名品牌企业，重型机床产品也主要集中在中低端方面，在高精度、高速化、复合化、智能化、装备与工艺的融合性、高可靠性、机床整体制造工艺水平与质量、机床外观等方面与国际先进水平差距较大。

（1）创新理念的差距。创新不应局限于全新的发明和结构上的大改进，而应体现在设计与制造的各个环节，这是国内企业与国外企业在创新理念上最大的区别，从而导致国内企业忽略细节上的创新，这是产品质量和技术水平差距的根本所在。

（2）速度、精度的差距。我国重型机床制造技术与世界先进水平的差距主要体现在三个方面：一是主轴转速低，国外先进水平已发展到 3000～4000 转/分钟，而国内主要徘徊在 800～1500 转/分钟；二是进给速度低，国外先进水平达到 20000～30000 毫米/分钟，而国内进给速度为 6000～10000 毫米/分钟；三是精度低，国外先进水平定位精度为 0. 015/1000 毫米，重复定位精度 0. 003～0. 007 毫米，而国内较好的状况是定位精度 0. 025/1000 毫米，重复定位精度 0. 01～0. 015 毫米。因此，国产机床的运行速度和精度至少要比国外低一个等级。国外重型机床在中小规格的产品上多采用高速传感元器件，如导轨多采用直线导轨或滚珠丝杠副作传动元件，通过直线电机直接驱动。而作为核心部件主轴驱动普遍采用电主轴系统，大大提高了主轴运转速度，由于国外采用的功能部件的精度级别较高，同时，所有关键传动件的加工精度指标的控制也非常严格，为产品的高速、高精提供了保障。国内机床尽管也相继采用这些新技术，但应用还不太成熟，有待进一步完善，关键传动件的加工精度也得不到保证。特别是国产功能部件的稳定性及精度难以保证，从而影响主机的转速和精度。

（3）机床可靠性的差距。可靠性是体现机床水平的重要标志之一，连续工作不停台是判定产品可靠性的重要指标。国外产品连续工作不停台一般可达2000 小时以上，而国产机床一般也就几百小时，有的甚至更短，故障频率远超国外产品。这是国内与国外产品最大差距，也是最难解决的问题。可靠性不仅是主机制造厂家需要解决的问题，还取决于功能部件和配套件。

（4）制造工艺及外观的差距。制造工艺是影响产品质量水平的主要因素，尽管国产产品质量已有很大改观，特别是外观质量进步明显，但差距仍然较大，内在质量的差距尤为明显，主要是选材、加工、装配等工艺环节存在严重的粗制现象。工艺技术研究跟不上重型数控机床发展的需要，仍按生产普通机床的传统理念、手段、要求来组织生产、加工及装配，同时对用户工艺需求了解不够，研究过少。

国外质量理念已超出传统机床的制造概念，而是把机床制造作为消费品甚至工艺品制作，给人以美的享受，作为艺术品欣赏，这一点值得国内企业学习和借鉴。

3. 重型机床产业创新发展存在的问题

近年来，我国重型机床企业自主创新能力显著增强，新产品开发的水平和速度明显提高，但行业总体仍然没有摆脱以规模扩张为主要特征的发展模式，产能结构失衡、同质化特征明显、高档产品竞争力薄弱是产业发展存在的三个突出问题。

（1）产能结构失衡。受前些年市场需求旺盛的吸引，大量投资涌入重型机床行业，全行业的生产能力快速扩张，但增长起来的巨大产能结构却是失衡的，通用型中低端产品产能严重过剩，而中高档产品尤其是面向高端细分市场的专业化产品供给能力严重不足，恰恰国家重点支持发展的航空航天、船舶、能源、汽车等重要领域和战略性新兴产业需要大量高档乃至尖端的重型机床产品。

我国重型机床企业在新产品开发上开展了许多工作，很多企业都能够生产五轴、高速、高精、复合等高档重型机床产品及生产线，但真正在重点领域关键工序应用的还不多，形成商品化、产业化的更少，多数仍然处于展品和样机阶段。

（2）产品同质化特征明显。主要表现在我国重型机床企业在开发新产品时缺乏针对性，大部分为通用机床、专用机床、特种用途机床，其比例低，且大部分机床质量一般，存在可靠性差、漏油、防护、排屑等问题，而且均是以自己的标准产品满足不同领域用户的需求，要求用户适应自己产品的性能，往往是一种机型广泛应用于装备制造业各个领域。

此外，重型机床企业多数还处于单纯卖设备的阶段，对用户工艺研究不够深入，缺乏为用户提供全面解决方案的能力，提供成套综合服务的能力还很薄弱。同质化的后果导致企业竞争主要集中在价格恶性竞争上，形成低端产品混战的局面。

（3）中高端产品竞争力薄弱。在我国重型机床重点用户中，国产高档重型机床的应用数量很少，且尚未进入关键制造工序。在用的部分国产中高档重型机床产品故障也较多，小毛病不断，精度保持性差，严重影响了用户使用国产高档重型机床的信心。而国外产品则以高性能、高质量、高可靠性赢得了国内中高档重型机床用户的信任，因此，国产高档重型机床竞争力薄弱是未来一段时间面临的突出问题。

（三）我国重型机床产业技术创新支撑体系的现状和问题

1. 创新技术供给现状

产业创新技术供给主要靠企业、高校以及与国外先进企业的技术合作与引进，具体划分为20世纪80年代引进、消化、吸收国外先进技术与合作生产；90年代二次开发与自主研发并举；进入21世纪以来，自主研发逐步成为主要技术发展途径。

（1）创新技术供给主体。国内大型机床企业都建立了具有一定实力的研发基地和技术中心，重点针对机床应用技术，开发新产品、新技术，是重型机床产业应用技术的主要供给源；高等院校、专业机床研究机构主要集中在基础技术、关键共性技术和软件技术上。

（2）创新技术满足情况。在以往的发展中，我国重型机床企业大多采用以市场换技术，通过联合设计、联合制造来实现技术引进，然而在技术引进合作中，国外先进企业主要目的仅仅是向我国输入他们的高质量产品，占领市场，并没有把关键核心技术真正转让给我国的重型机床企业，在技术消化过程中，更多的是企业内部通过自身研发，形成自有技术来满足；同样，国内重型机床企业在与高校、科研院所等的合作过程中，90%以上的费用是企业承担，风险也是企业承担，高校、科研院所仅仅是作为研究的辅助针对某一项目参与合作，只对机床结构合理性、技术参数的设定、功能的配置等进行相应研究，技术供给集中于单纯的某项技术或产品的研发上，无法从基础、共性技术的根本上实现技术创新的突破，也就无法形成研制成果供企业使用，导致重型机床企业原始技术创新能力不够，基础理论研究支撑不足，高端装备研发能力薄弱，制造出来的产品可靠性低、稳定性差。因此，目前技术引进、合作开发的方式不能满足国内重型机床企业对关键核心技术、基础共性技术等的需求。

2. 创新技术供给的问题

（1）重型机床企业的创新能力弱。一是原始创新缺位。重型机床领域的研发具有经费投入大、时间周期长、产生经济效益慢等特点，企业短时间内很难获得市场利益。因此，大多数企业选择已经产生研究成果的项目与高等院校进行后期合作，而对于项目前期研究的参与热情和积极性并不大，造成一些合作项目仍停留在引进消化吸收阶段，而对原始创新则很少触及，对机床结构布局、机床参数设定、机床功能配置等很少深究，知其然不知其所以然。

二是技术积累不够。重型机床企业多年来重心普遍放在生产上，“市场好时忙合同，市场差时求生存”，企业的技术人员对引进的技术图纸也只是被动照搬，对设计的基础和依据缺少研究，没有技术积累，在产品的原始设计与开发上力不从心。另外，我国重型机床制造企业多为国有企业，绩效考核机制、成果管理机制等不健全，企业缺少创新文化、缺少研发意识、缺少有效激励机制，从上到下创新积极性都不高。

三是人才匮乏，后继无人。现代重型机床的发展属于多学科、多领域的研究，现代技术的融入使产品大大超出传统概念，从材料、制造、检测、运动、集成、数字化等，都需要高素质的科技人才做支撑，而国内许多重型机床制造企业高层次科技人才匮乏，长期以来的体制弊端也造成企业培养不出高级复合型技术人才、高水平创新管理人才。而高校培育的研究性人才（硕士、博士等）大多不愿来企业，即便是有，重型机床研制“千年磨一剑”的历程，也使很多急功近利者打退堂鼓，而越是高端，其研制的难度、周期、费用也越大，种种不利很难让这一行业有人才，更难培育出人才，导致重型机床企业面临后继无人的状况。

（2）高校、院所没有发挥应有作用。一是研究力量分散。重型机床是一个集机械、电气、液压、气动、微电子和信息等多项技术为一体的机电一体化产品，需要各类知识人才共同参与才能研发出来，而高校的研究团队普遍人数少、力量弱，往往只是针对其中的某一技术难题进行攻关，难以为整机研发提供有力支撑。

二是高等院校在基础技术、共性技术研究上缺位。本应肩负基础共性技术研究的科研院所、高等院校为了自身生存需要，主要精力放在做项目上，其基础共性技术研究职能在一定程度上被以生存需要为目标的、突出市场短期盈利的应用技术研究所代替，难以为行业提供急需的基础共性技术。

（3）缺乏产学研长效合作机制。以企业为主体的产品研发，高等院校作为参与单位，往往投入的是以导师为核心，在读硕士、博士为成员的研究团队，以合同形式开展研究，一个合同可能只是漫长研究历程中的一小点，而一台重型机床的研制往往要历经数年或数十年，所以在研制过程中，除了企业的研发人员对制造技术有传承和发展外，院校基本是无法形成长效研制队伍，也更谈不上与企业间的长效合作，使我们很难拥有较高理论水平和实践经验的行业老专家。因此，现有的产学研合作方式和机制很难形成创新合力，对产业技术创新支撑力度不足。

3. 创新技术产业化现状

重型机床制造企业是创新技术产业化的主体，我国自己开发制造的重型、超重型机床除少量满足了国家重点工程需要，大部分高端高精密产品仍因为关键核心技术问题不能解决而需要进口。

近年来，国家和企业投入大量资源，产出了大量的创新成果，但实际批量产出的中高档重型机床产品的比重仍然非常少，多数成果没有实现产业化。在产业化方面由于缺乏专业的工程技术队伍，对于用户成套化需求不适用，难以实现用户整体需求的“交钥匙”工程服务，造成相当多的机床制造企业仍在大量生产通用化产品，相当多的机床使用企业仍在大量使用通用化产品。

4. 创新技术产业化的问题

（1）企业研发经费投入不足。我国重型机床制造企业的研发投入普遍不到销售收入的5%，而且由于销售基数小，投入的总数就更少。而重型机床研发周期长，单件投入大，由此造成企业投入严重不足，产品更新换代速度慢，产业化效果不明显，整体技术水平与发达国家相比始终存在10～15年的差距。

（2）高端产品深层次技术掌握不透彻。我国重型机床企业开发出不少新产品，在功能和性能指标上基本达到了中高档产品的标准，但许多却不能在用户实际生产中长期稳定运行，主要原因之一就是对深层次技术掌握得不透彻。例如，高速主轴动平衡技术、热变形控制及补偿技术、轻量化技术、智能化技术等还没真正完全掌握和突破，数控系统二次开发能力普遍薄弱，人的观念、技能，企业的管理和业务流程与高端产品的研制也不适应，因此做出的产品“形似而神不似”，多数处于展品和样机阶段，不能进行实际批量投产，不能形成商品化和产业化。

（3）产业配套协作能力差。从产业上下游关系来看，国内重型机床产业配套体系不合理，重主机、轻配套，国产化配套能力长期在低水平徘徊。国内功能部件和数控系统的技术水平较低，高档功能部件和数控系统的发展滞后，功能部件和数控系统生产企业规模偏小、布局分散、品种少、产业化程度低、制造能力相对偏弱，在精度指标和性能指标上都不过硬，无法为国产的高档重型机床提供所需要的相关核心功能部件和数控系统。

（4）首台（套）问题阻碍了产业化。一方面，首台（套）重型机床设备的设计制造质量、经济技术指标以及运转稳定性等缺乏实际应用检验，在没有应用先例的状况下，用户势必需要投入更多的时间和精力进行调试与系统磨合。而使用重型机床的产业大多是流程化生产，一旦设备出现问题，往往会导致整套系统无法正常运转，给使用方造成巨大经济损失。因此，许多用户企业宁可选择高价进口成熟设备，也不愿考虑国产首台（套）设备。另一方面，对重型机床企业来说，国产首台（套）的研制往往需要大量前期科研费用的投入，研制风险大，可能导致企业研制生产出首台（套）产品，但却面临着可能亏损的尴尬局面。

（5）高校的人才培养不适应产业化的需要。高校的教学与科研脱节，人才培养与创新实践也脱节，大量的毕业生到企业后面对机床实物，不知从何下手进行研究，无形中就将培养人才的职能转嫁给了企业，加大了成才难度。高等院校的定位不明确，在应用研究方面与企业交叉严重，而基础理论与共性技术等前沿研究不足，导致学校的研究成果不能被企业很好地吸收转化，对产业技术创新贡献度小。

5. 技术创新服务现状

近年来，在国家有关部门的支持下，在数控系统、高档数控、超精密机床、精密工具、高效磨削、超硬材料及制品、激光加工、快速原型、精密成形、高效焊接、重型装备及制造业自动化等领域建设了12个国家工程（技术）研究中心。但在重型机床领域，仅有武重联合上重、青重以及华中科技大学、湖南大学、中国第二重型机械集团公司、东方汽轮机有限公司、华工制造装备数字化国家工程中心有限公司共同组建了行业级的工程研究中心——机械工业高档重型机床工程研究中心。

中国机床工具工业协会等为我国重型机床企业提供各类服务。中国机床工具工业协会以调查研究机床工具产业现状及发展方向、向政府提供行业信息、企业的要求为己任，接受政府部门委托，提出产业发展规划建议，并组织技术、经济、市场、经营、服务等管理经验及动态信息的交流和咨询，发布统计信息，为机床产业举办国际、国内机床展览会等活动服务。

6. 技术创新服务的问题

重型机床企业获得服务的主要渠道包括科研机构、高校、产业联盟、行业协会等，但是获得的服务范围很窄、服务水平也不高。例如，企业使用的各种技术、材料数据库大多落后和陈旧，各企业都是用20世纪五六十年代的材料手册，而现行科技水平的发展，制造技术的进步今非昔比，这些基础性的研究与系统的缺失，大大阻碍了原始设计与开发水平的提升。

7. 政策环境现状

（1）相关税收政策。2006年出台的“国产数控机床增值税先征后返”政策是历年来国家扶持、培育国产数控机床产业最成功、最有效的政策，操作简便，成效显著，对我国数控机床跨过产业化的门槛发挥了关键性作用。该政策的突出特点：一是着眼市场环节和应用环节，鼓励先进产品的市场化、产业化；二是扶优扶强，只针对达到一定规模的企业；三是采用市场机制运行，以企业上交增值税的额度作为返还的依据，不需要其他审批环节。

2008年，国家提高了部分产品的出口退税率以鼓励出口，机床工具行业受益最大的当数切削工具行业，出口退税率普遍由5%提高到11%，该政策对机床企业出口起到积极作用。

作为国务院《关于加快振兴装备制造业的若干意见》的配套政策，2008年3月，财政部发出《关于调整大型、精密、高速数控设备及其关键零部件进口税收政策的通知》（财关税〔2008〕32号）。根据财政部、国家发展改革委、海关总署、国家税务总局《关于落实国务院加快振兴装备制造业的若干意见有关进口税收政策的通知》（财关税〔2007〕11号）的有关规定，自2008年1月1日起，对国内企业为开发、制造大型、精密、高速数控设备及其功能部件而进口部分关键零部件所缴纳的进口关税和进口环节增值税实行先征后退，所退税款作为国家投资处理，转为国家资本金，主要用于企业新产品的研制生产以及自主创新能力建设。享受退税政策的设备包括加工中心、龙门镗铣床、大重型数控车床、车削中心、数控铣镗床、数控齿轮加工机床、数控压力机、数控激光冲压切割复合机、柔性制造系统等；功能部件包括数控装置、高速电主轴、数控动力刀架、数控回转工作台、滚珠丝杠副、直线滚动导轨、自动换刀装置等。该政策有利于部分主机企业通过进口国外先进配套产品，提高整机性能和水平，扩大国产中高档数控机床市场占有率。同时，由于所退税款转为国家资本金，受政策惠顾的企业国有股权比例将进一步增大，为增强企业新品研发能力和自主创新能力提供了资金。

（2）相关规划和计划。2010 年 10 月，国务院出台的《加快培育和发展战略性新兴产业的决定》提出，积极发展以数字化、柔性化及系统集成技术为核心的智能制造装备，其中以高档数控机床为重中之重。

2006 年，《国家中长期科学和技术发展规划纲要（2006～2020 年）》（以下简称《规划纲要》）将“高档数控机床与基础制造技术”确定为国家重点支持的 16 个重大专项之一。此举将数控机床产业提升至前所未有的高度。而且其他相关重大专项也需要大批重型、精密、多坐标、高效、专用数控机床来进行加工制造。

“高档数控机床与基础制造技术”重大专项规划提出，到 2020 年，航空航天、船舶、汽车、发电设备制造所需要的高档数控重型机床与基础制造装备 80% 左右将立足国内。

另外，国家还通过科技支撑计划、国家重点基础研究发展计划（“973”计划）、国家高技术研究发展计划（“863”计划）、自然科学基金项目等来引导和促进重型机床产业技术创新。

（3）其他政策措施。为推进振兴装备制造业发展，国家制定出台了一系列配套政策，如 2008 年 1 月国家发改委、科技部、财政部、国防科工委联合颁布的《首台（套）重大技术装备试验、示范项目管理办法》，正式出台了首台（套）政策。其他的还有《重大技术装备国产化依托工程管理办法》、《重点领域装备技术政策》、《国家重点建设工程重大技术装备采购管理办法》、《加强装备制造业重组并购工作管理暂行办法》等。

8. 政策环境的问题

（1）进口免税政策不合理。在高档重型机床制造领域，由于大部分关键功能部件需要进口，采购成本远高于国外企业。国内许多重型机床制造企业还享受不到进口零部件免税政策，而机床用户进口整机却可免税，这使得国产重型机床在价格上处于劣势，导致一些用户有意提高技术指标，以符合进口免税清单要求，助长了高档重型机床的进口势头。用户普遍认为进口高档重型机床反而比采购国产重型机床更合算，原因之一就是国产重型机床制造成本高、没有价格优势，技术和质量也有差距，这对国产高档数控重型机床发展造成严重威胁。

（2）首台（套）设备应用政策落实不够，措施不明确。首台（套）政策是鼓励和支持高端制造业和重大技术装备创新的重要政策，曾在局部范围施行，但由于没有具体实施细则和明确的执行部门，贯彻力度不大，且受益主体不明确，许多问题得不到解决。例如，该政策主要是针对首台（套）重大装备的使用单位给予的鼓励制度，而首台（套）的研制单位——重型机床制造企业更加需要，但无门申报，申报也难以被审批。

（3）国家资源配置对技术创新的导向性不明确。在政府与企业“做大做强”的产业发展指导思想下，重型机床企业持续的产能扩张透支了行业的未来发展空间，忽略了对技术发展的诉求及彼此的互补性，国企间的重复研制，主要靠中低端产品占领市场，利润低下，没有能力进行研发投资，加剧了市场的恶性竞争和研发持续萎缩的恶性循环。

（4）对基础共性技术研究缺乏统筹指导。政府部门未能从系统化、实用化、协同化的角度对重型机床基础技术与应用技术研究、开发试验进行统筹布局。产业缺乏系统性、高水平的基础共性技术的公共研发平台。

国家研究项目的选题指南存在急功近利、过于强调技术水平与国际接轨、对彰显制造强国的显示度成果的追求迫切，对应用研究比较重视但对基础共性技术研究缺失，违背了重型机床基础研究—共性技术研究—产品开发、研制—产业化的步骤，导致产业技术创新活动的急功近利和脱离企业技术现状，降低了技术创新的质量。

四、典型案例：武汉重型机床集团有限公司

武汉重型机床集团有限公司（以下简称武重）是我国制造数控重型、超重型机床的大型国有骨干企业。多年来，武重秉承精工厚德、励志创新的理

念，走出了一条自主创新与技术引进相结合的道路，研发出大量具有自主知识产权的重大装备，特别是在极限制造方面，以高速、高精、复合加工为代表的一批高科技产品填补了国内空白，解决了我国大型舰船、大型水电、核电等重点行业大型关键零件的加工难题，突破了国家重大工程的加工制造瓶颈，打破了西方国家的技术封锁和限制。武重为世界瞩目的三峡工程建设项目提供了加工水轮机的关键设备——CKX53160 型数控单柱移动立式铣车床，仅零件就有 2 万余件，自重近 700 吨，其技术要求之高、制造难度之大，创我国超重型机床之最。该产品荣获 2005 年国家科技进步二等奖。“十一五”以来研发的 28 米立车、10 米龙门铣等 4 台极限装备在天津滨海开发区的投产应用，再次展示了武重的研发实力，并入选 2012 年中国国防工业十大新闻。

（一）创新技术来源

1. 国外先进技术引进、合作与消化吸收

20 世纪 80 年代，武重与德国 Schiess 公司合作生产 FB 系列数控落地式铣镗床及与其配套的 TDV 系列数控回转工作台，由德国方面提供整机的设计图纸、主轴箱、液压系统、电气系统和关键的配套件，武重方面负责提供机床的基础部件及其他的零部件，并负责安装调试及售后服务工作。同时从该公司引进了 DL 系列数控重型卧式车床的全套技术图纸，由武重集团自行进行生产。

20 世纪 80 年代中期以来，在合作的过程中，武重在消化吸收国外先进技术的基础上，设计出了两级机械档的变速齿轮箱，应用在 CK51 系列主传动链中，属国内首创，目前应用成熟；80 年代末期，武重将预载恒流静压技术成功地应用到立车系列中，吸振性能好，减小摩擦阻力；90 年代，将双齿轮无间隙传动技术应用到车铣复合加工机床的主传动链中，以消除间隙，实现了工作台分度和进给运动。

1992 年，武重与日本本间（HOMMA）公司合作生产了 12F - TAC、12TACB 数控立式车床，合作终止后，该产品由国产化 CK51 系列数控立车产品代替。

2005 年，武重引进德国 Welter 技术，生产了 YKW31500、YKW31800 两台重型六轴四联动数控滚齿机，填补国内重型数控滚齿机的空白。经过技术的消化吸收，2009 年自主研发了 YK31200、YK31320、YK31500、YK31800 系列产品。

2005 年，武重引入意大利 Jobs 技术，生产了 Jomax265 数控高速坑式龙门移动镗铣床。武重通过消化吸收，于 2009 年自主开发了 XHG2730X200 高速龙门移动镗铣加工中心。

2008 年，武重引入日本精机技术，生产了 WHCQ1600 精密卧式加工中心和 WHGS7000 曲轴车铣复合加工中心。消化吸收后，2011 年自主设计 WHLG120X35 卧式车铣复合加工中心，并列入 2012 年“04 数控机床”重大专项后补助备案项目。

2. 自主研发

早在 20 世纪 70 年代，武重就设立了科研机构，专门从事科研、试验及技术攻关等工作，主要围绕重型机床技术进步进行研究与攻关，完成了几十项科研项目，包括一批国家级攻关项目。20 世纪八九十年代，武重逐步建立了较完善的技术创新体系，制定并采取了一系列创新激励措施，鼓励工程技术人员多开发新产品，对设计部门产品开发实行承包，与销售额合同挂钩，按合同金额的一定比例给予奖励，这些措施对调动设计人员的积极性起到了一定的促进作用，加快了技术创新的步伐。21 世纪以来，武重成立了技术委员会、专家委员会，建立了新产品立项开发机制，对每一项新产品开发、产品改进、新技术应用经评审通过后，予以实施与资金资助。

武重的自主研发经历了以下三个阶段：

第一个阶段（20 世纪 80 年代）实现重型机床数控化升级，完成了立式车床、龙门镗铣床、落地式铣镗床、卧式车床等主导产品由普通型向数控型技术升级。

第二个阶段（20 世纪 90 年代）实现重型机床柔性化生产，完成 CR51、TR65 系列产品升级为柔性加工单元，主导产品均开发出各种功能铣头附件，提高了机床的工艺范围和自动化程度。

第三个阶段（21 世纪）进入复合加工时代，2004 年完成了 CR5116 柔性立式复合加工单元的研制，承担了国家“863”计划项目 CKX5680 型数控七轴五联动重型车铣复合加工中心的研制，2005 年完成了 XKU2645 型数控双龙门移动式镗铣床的研制，这 3 台机床的研制成功是武重机床发展史上的又一次突破，也标志着武重产的重型机床进入世界先进行列。

3. 产学研合作

20 世纪 90 年代，武重与华中科技大学合作运用 CAD 技术，对数控立车进行模块化设计，通过模块（部件）的通用或部分通用，实现模块间的组合，大大提高了基础件的通用化程度，在较短时间内，给客户提供众多变型品种。

采用计算机辅助模块化设计技术，大大缩短了设计周期，在市场竞争中取得先发优势。

2006 年，武重分别与华中科技大学和湖南大学签订了战略合作协议。根据协议，两所院校的重点实验室和实验设备向公司开放，并在重大项目上分批进行合作研究。合作双方致力于重型机床产业前瞻技术、共性技术和基础技术的研究。2011 年，与华中科技大学合作开展了热变形对重型机床精度影响的研究及开发面向航空工业的车铣复合加工中心两个研究项目，和湖南大学合作开展重载静压导轨及静压轴承的研究和球墨铸铁的制造工艺研究两个研究项目。

（二）技术创新平台建设

武重以科技委员会和专家委员会为技术创新决策机构，以四大创新平台和技术研究院、质量管理部等职能部门为载体，承担产品研发、共性技术与关键技术研发及其工程化、产业化等工作。

1. 国家级企业技术中心

中心负责制定集团科技中长期发展规划和年度科技计划，开发面向我国新能源、航空（大飞机）、船舶等战略性新兴产业、重点行业的关键、高档数控重型机产品，对公司新工艺、新方法、新设备、新材料进行推广应用。设立有 8 个研究所，分别是立车研究所、镗床研究所、铣床研究所、卧车研究所、电气研究所和工艺研究所及两个设计室，分别是工业与数字化设计室和科技情报与标准化室。

2. 机械工业高档重型机床工程研究中心

旨在攻克我国重型机床行业共同面临的，高档数控重型机床在重载条件下实现高速加工、高精度加工、多工序复合加工、智能加工、绿色制造等方面存在的关键技术、共性技术，建设和完善面向用户行业的工程化研究体系、试验验证条件和设施，建立技术创新、成果转化机制，实现科技成果的产业化转化。

3. 博士后科研工作站

通过工作站建设，引入高端人才，致力于解决企业长期以来的疑难课题。2011 年成功引进国内铸造行业专家湖南大学副校长刘金水教授及其弟子周惦武博士开展球墨铸铁方面的项目研究，目前已顺利出站；2014 年又成功引进华中科技大学重型机床结构性能分析与测试研究方面博士后入站。

4. 院士专家工作站

通过引进国家、行业内部的高科技领军人才，指导企业对数控重型机床装备的关键共性技术进行研究，攻克我国重型机床行业急需解决的关键技术和共性技术等方面的难题，尤其是高档数控重型机床在重载条件下，如何实现高速度、高精度、多工序复合加工以及智能加工和绿色制造等课题。工作站首席专家为中国工程院院士、华中科技大学机械科学与工程学院教授、博士研究生导师段正澄。

5. 高档重型机床产业技术创新战略联盟

在科技部的指导下，以武重为依托，联合华中科技大学、湖南大学、东方汽轮机有限公司、中国第二重型机械集团公司、上海重型机床厂有限公司、青海华鼎重型机床集团有限公司等单位，自愿组成产学研用相结合，以企业的发展需求和各方的共同利益为基础，以提升产业技术创新能力为目标，形成的联合开发、优势互补、利益共享、风险共担的技术创新合作组织。

6. 重型机床标准化委员会

武重作为全国金属切削机床重型机床标准化分技术委员会主任委员单位、秘书处单位，同时还承担了全国金属切削机床标准化委员会重型机床分技术委员会秘书处的日常工作。2008~2011 年由武重主持和参与的 13 项国家和行业标准已被国家发改委颁布实施（其中主持制、修订的标准有 8 项），为行业技术进步提供了可供借鉴的宝贵资料。

（三）创新激励机制和人才培养

为将各种创新资源和技术要素进行合理整合与有效利用，充分发挥各种资源优势，调动全体员工的主创性，武重建立了灵活的激励创新机制——以项目为依托，实施项目研发负责制，以合同项目金额提成作为奖励经费，将所有参与项目开发的技术人员、工艺人员、管理人员、销售人员、生产人员与项目利润挂钩，既有有偿奖励，又受合同项目盈利约束，利益风险共担，较好地发挥所有人员的积极性和主动性。

在各专业化所内部形成竞争机制，不拘一格使用人才，对工作努力，肯学习、能吃苦的年轻人在产品设计开发中让其担任部分工作，重点培养。利用国家、省、市重大项目与科研院所合作的机会培养人才。充分利用企业内部资源和外部资源，每年定期举办技术讲座和学术交流活动，由本企业的专家、科研院所的老师和国内外著名公司的研发人员对技术人员讲授机床设计、控制技术，国内外新技术新工艺新材料的发展和应用等方面的知识，对提高技术人员的业务素质、扩大知识面，了解国内外新技术等方面起到了很好的效果。同时，还根据工作需要，不定期选送优秀的技术人员到有关公司进行技术培训。

自2002年武重改制后，着眼长远发展的需求，于2002年4月开始实施“企业人才工程”，即每年在工程技术人员、管理人员、销售人员、一线生产工人中选拔出一批思想素质好、业务技能精、敬业精神强、工作有实绩及对企业发展做出突出贡献的人员，按月考核发放专项津贴。10年来公司投入将近1000万元坚持不断实施该工程，涌现出了湖北省首席技师、武汉市技能大师，被誉为“研磨大王”的魏红权，全国“五一劳动奖章”获得者吴何庆、兵器集团首席专家桂林、兵器集团学科带头人赵明等一批高技能技术带头人以及享受国家、省、市专家津贴待遇17人。

武重一方面积极营造“尊重知识，尊重人才，努力上进”的良好氛围，加大后备人才的培养，强化岗前培训与在职知识更新，与高校合作开展在职研究生班，鼓励职工自学成才，多方面整合人才培养资源，为技术创新提供人力资源储备；另一方面，不断招聘各类技术人才，充实技术人才队伍、技术标准队伍和技术情报队伍，形成了技术创新人才链。武重技术中心每年都会获得公司销售收入的5%作为研发投入。

武重建立了按现职人员、后备人员和战略人员划分的多层次培训体系，实施科技带头人、技能带头人制度，建立高层人才培养机制，与华中科技大学、湖南大学等合办工程硕士研究生班、建立培训基地，鼓励员工利用业余时间到研究生班或培训基地深造学习，建立技师工作站，选派设计研究人员前往德国、日本、美国等发达国家进行技术交流、培训及短期深造，学习国外的先进设计理念和方法，开阔设计思路，实现人才从数量向质量、从个体向团队转型。

五、重构我国重型机床产业技术创新支撑体系的设想

重型机床产业是国民经济建设的基础性行业，更是关系国防安全的战略性

产业，特别是高端重型机床对国防安全的重要作用更加突出。我国已成为重型机床制造大国，与国外先进水平的差距日渐缩短，中低端产品完全可以挡住进口，满足国内需要。近几年国内经济增速放缓，对重型机床的需求明显减少，但国内对高端重型机床的需求仍呈上升趋势。而我国高端重型机床与先进国家的差距却越来越大，高端重型机床核心技术、关键技术从国外的引进，比以前任何时候都难。因此，在高端重型机床需求中，国内重型机床生产厂家仅能够生产较少一部分，而且对这一小部分产品，许多用户还不敢吃螃蟹，怕承担首台（套）产品或不成熟产品带来的后期风险；而买国外的产品，又不得不承担高昂的费用甚至遭遇漫天要价；对一些特定的企业（如国防工业企业），国外企业甚至拒绝提供高端重型机床和关键的专用制造装备。

上述状况，倒逼我国重型机床产业加快转型升级，以满足国内重点行业对高端重型机床的迫切需求。根据国家振兴装备业的发展规划，为支撑中国制造走向中国创造，加快工业结构调整、推动产业升级，实现创新驱动，必须要重构我国重型机床产业技术创新支撑体系。

（一）设立国家重型机床产业创新发展基金

考虑重型机床产业的战略地位和不可或缺性以及该产业发展对国家装备制造业的影响，针对各重型机床企业研发经费投入不足的问题，建议中央政府整合各部委资源，并联合各重型机床企业所在的地方政府，共同投资设立国家重型机床产业创新发展基金，对重型机床企业研制的接近世界先进水平或国内领先水平、技术含量高的重点产品和重点项目予以专项支持；对能够提供首台（套）重大技术装备的企业给予重点扶持，形成首台（套）重大技术装备产业化示范基地。

（二）加强重型机床产业技术创新战略联盟的建设

针对重型机床产业技术创新战略联盟成员少、合作研究基础薄弱的情况，科技部等相关部委要多联系、支持重型机床上下游企业加入到联盟中，共同参与重型机床领域内的技术创新活动，开展产业发展战略研究和共性、关键技术研发，解决影响产业发展的重大技术问题；鼓励大学和科研机构将科研资源与企业技术创新需求进行对接，引导创新资源向联盟流动，促进产业链和技术创新链的构建。

（三）组建基础共性技术研发基地

从我国重型机床产业创新技术供给情况看，高等院校的重型机床产业的基础、共性技术研究缺位，单个重型机床企业又不具备基础共性技术的研究能力，必须加快组建重型机床产业基础共性技术研发基地，改变基础共性技术及前瞻技术研发能力较弱或缺失的现状。

建议国家相关部委选择一批基础好、在重型机床行业内有影响力的国家重点实验室、工程研究中心等加以整合，按照基础共性技术体系进行分工，建立若干个独立于机床制造企业的基础共性技术研发基地，推动和促进重型机床产业的基础共性技术、前瞻性技术、关键核心技术研究能力建设，打破基础共性技术研究缺位、成果不能共享、各自为战的局面。

（四）支持重型机床骨干企业技术创新体系建设

建议国家集中资金、政策、资源，选择一家或两家重型机床产品齐全的企业，支持其实现产品结构调整、转型升级，支持其加大技术创新投入，培育其持续创新发展能力，代表国家水平参与国际竞争。通过有效促进骨干企业做大做强，发挥骨干企业的龙头作用，带动整个产业的技术创新。

（五）依托大企业建立重大技术创新示范基地

当前，重型机床产业大量创新成果中真正实现商品化和产业化的还很少，创新成果的产业化问题已经成为行业的突出薄弱环节。建议在各级政府的支持下，依托创新能力突出、基础条件好的大企业建立促进重型机床产业技术创新和成果产业化的重大技术创新示范基地。通过基地建设，充分利用与优化现有创新资源，建立市场导向的以企业为主的技术创新机制，实现重大创新成果在基地的产业化。

（六）取消高档重型机床进口免税政策并建立进口审查机制

我国高档重型机床市场基本被国外企业垄断，除国产重型机床技术质量有差距外，不合理的高档机床进口免税政策也是主要原因之一。高档零部件进口需要交纳高额关税，而进口整机却可以享受免税政策，对国产高档数控重型机床发展造成严重威胁。

建议政府尽快取消机床进口免税政策，凡重型机床进口一律征收关税和进口环节增值税，从而为国产高档重型机床发展提供空间；另外，国家发改委、工信部可委托相关行业协会负责进口重型机床把关审核，凡国内已能制造的高档重型机床原则上限制进口。

（七）完善高端装备首台（套）政策

针对首台（套）政策在实施过程中的不足（没有具体实施细则和明确的执行部门，贯彻力度不大，且受益主体不明确，产生的影响有限），尽快出台重型机床首台（套）的认定办法或细则，并确定受理的责任部门。

建议参照《重大技术装备自主创新指导目录》进一步制定相关实施细则，完善该政策，责令有关专业协会制定相应的首台（套）重大技术装备管理办法，并负责日常管理，使文件的贯彻执行规范化、常态化。此外，目前的政策主要是针对首台（套）重大装备的使用单位给予鼓励，而首台（套）的研制单位——重型机床制造企业更加需要扶持，应出台鼓励研制国产首台（套）装备的补偿办法，使国产首台（套）重大技术装备的研制单位和用户单位真正获得政策优惠，从而促进高端装备创新成果的应用与产业化。

（八）发挥行业协会类组织的作用

我国重型机床行业“买技术难，卖技术难”的问题仍然存在，科技成果转化率相对较低，如何让需方与供方对接，需要建立重型机床技术转移、专利交易平台。建议国家有关部门和行业协会对重型机床技术转移、专利交易平台如何建、建在哪里、建成什么样等问题进行探讨，尽快构建起信息充分、交易活跃、秩序良好的知识产权交易体系。

中国机床工具工业协会等机构应发挥桥梁纽带作用，利用行业组织优势，及时组织有关企业对一些系统性、基础性的技术难点进行攻关，协助政府部门开展行业统计，促进企业间的信息交流。建议政府有关部门支持现有的协会组织成立专门的情报研究机构，收集国外重型机床的最新市场需求、技术发展水平和人才培育情况，并帮助企业引进高水平人才充实科技人员队伍。

参考文献

［1］李卫领：《中国机床工具工业年鉴》，机械工业出版社，2011 年。

［2］杨建武：《国内外数控技术的发展现状与趋势》，《制造技术与机床》2008 年第 12 期。

［3］阎志芳：《德马吉以创新引领金属加工技术潮流》，《机械工人（冷加工）》2005 年第 4 期。

［4］《日本机床工业发展历程简介》，http：//www. ccnc. com/news/news-file/2011/12/28/116311. shtml，2013 年 3 月 25 日。

［5］《20 世纪 90 年代日本机床工业领先的原因：被忽略的企业内部因素》，http：//mep128. mofcom. gov. cn/mep/yjfx/46826. asp，2013 年 3 月 25 日。

［6］装备制造业自主创新战略研究咨询研究项目组：《装备制造业自主创新战略研究》，高等教育出版社，2007 年。

［7］陈志：《21 世纪初农业装备新技术发展研究》，中国科学技术出版社，2008 年。

［8］汪懋华：《中国农业机械化发展战略研究》，中国农业出版社，2008 年。

［9］农业部农业机械化管理司：《中国农业机械化科技发展报告（1949 ~ 2009 年）》，中国农业科学技术出版社，2009 年。

［10］中国机械工业年鉴编辑委员会、中国农业机械工业协会：《中国农业机械工业年鉴（2010）》，机械工业出版社，2011 年。

［11］贾敬敦、陈良玉、赵敏娟：《农业科技创新国际化研究报告》，中国农业出版社，2011 年。

［12］中国机械工业年鉴编辑委员会、中国农业机械工业协会：《中国农业机械工业年鉴（2011）》，机械工业出版社，2012 年。

［13］贾敬敦、陈良玉、张明玉：《我国涉农重点产业技术创新研究报

告》，北京交通大学出版社，2011 年。

[14] 李树君：《中国战略性新兴产业研究与发展——农业机械》，机械工业出版社，2013 年。

[15] 中国机械工业年鉴编辑委员会、中国农业机械工业协会：《中国农业机械工业年鉴（2012）》，机械工业出版社，2013 年。

[16] 戴小枫：《现代农业技术：理论与实践》，中国农业科学技术出版社，2013 年。

[17] 中国机械工业年鉴编辑委员会、中国农业机械工业协会：《中国农业机械工业年鉴（2013）》，机械工业出版社，2014 年。

[18] 中华人民共和国科学技术部农村科技司、农业领域产业技术创新战略联盟：《现代农业产业技术创新链案例研究》，中国农业科学技术出版社，2014 年。

[19] 郑健富、田晖、程钧培：《能源装备制造业未来 10 年的展望》，《发电装备》2012 年第 1 期。

[20] 于渤、宫晶堃、朱彬等：《技术转移视角下发电装备企业技术创新能力提升路径研究》，《华北电力大学学报》2010 年第 1 期。

[21] 陈听宽：《超临界与超超临界锅炉技术的发展与研究》，《世界科技研究与发展》2005 年第 6 期。

[22] 冯伟忠：《欧洲超超临界机组发展的特点和启示》，《华东电力》2008 年第 2 期。

[23]《欧盟的 AD700 计划》，《华电技术》2008 年第 4 期。

[24] 姚明宇、张广才、聂剑平：《高效燃煤机组关键技术研究进展》，《热力发电》2012 年第 8 期。

[25] 张林超：《中国重大装备产业安全研究——基于发电装备制造产业安全的实证分析》，西南财经大学博士学位论文，2008 年。

后 记

本书是《产业技术创新研究系列丛书》中的一本。本书基础是中国工程院重大咨询项目“我国工业领域产业技术创新支撑体系建设研究”的四个课题之一——“我国重点工业领域产业技术创新支撑体系研究”的成果。该课题选择了国民经济中的基础性产业、支柱性产业和战略性新兴产业三大类产业的14个具体产业进行专题研究。本书就是在数控机床、农业装备、基础性重型装备、重型发电装备、重型机床5个基础性产业技术创新支撑体系建设研究专题报告的基础上，进行了较大幅度的修改而成稿。

中国工程院周济、朱高峰、卢秉恒、蒋亦元、汪懋华、任露泉、罗锡文等院士和马克、王为民、王振海、关锡友、李树君、陈志、高元恩、桂林等知名专家和企业家指导了课题或专题的研究。干勇院士、钟志华院士和李新男研究员统筹负责课题的策划、组织及研究。王振海、梅萌、刘东、韩伟、许志鹏、延建林、邸晓燕等参加了课题和部分专题的研究和讨论。还有众多院士、专家和产业界人士参与课题及相关专题研究，对本书做出了重要贡献。在此一并表示感谢！

本书系统地分析了5个基础性产业发展状况、特点及其技术创新支撑体系建设的国际经验，剖析了我国这些产业技术创新支撑体系的现状和问题，提出构建这些产业技术创新支撑体系的设想。在这些专题研究过程中，运用了本丛书第一本《产业技术创新支撑体系的理论研究》提出的理论概念和模型，并针对各产业特点进一步丰富和完善。

本书各章的专题报告基础和负责人分别是：第二章，“数控机床产业技术创新支撑体系研究”专题，关锡友；第三章，“农业装备产业技术创新支撑体系研究”专题，李树君；第四章，“基础性重型装备产业技术创新支撑体系研究”专题，马克、蒋金水；第五章，“重型发电装备产业技术创新支撑体系研究”专题，李义；第六章，“重型机床产业技术创新支撑体系研究”专题，赵明。

本书各章执笔人如下：第一章，刘东；第二章，赵进、张为民、曹华军、李辉；第三章，方宪法、吴海华、杨炳南；第四章，王领军、刘晓光、闫成罡；第五章，王晓亮；第六章，李杰。刘东承担了5个专题研究报告的修改和成稿，并负责全书统稿。

本书是关于基础性产业技术创新支撑体系的初步探索，由于能力和水平有限，本书的观点和论述还有许多不妥之处，引用的数据和资料也可能有不准确的地方，尤其是提出的具体产业技术创新支撑体系构建的设想尚需进一步商榷和完善，敬请读者提出宝贵意见。

《基础性产业技术创新支撑体系研究》
编写研究组
2018 年 12 月